Meditando el Management

Meditando el Management
www.meditandoelmanagement.com

Ventura Ruperti - Jordi Nadal

Prólogo
Alfonso Cebrián
Director General - Escuela de Administración de Empresas (Barcelona)

 **GESTIÓN 2000**

Para contactar con los autores: *www.meditandoelmanagement.com*

Diseño cubierta: *Rubén Verdú*
© Ediciones Gestión 2000, S.A., Barcelona, 2003
ISBN: 84-8088-922-5
Depósito Legal: B-21264-2003
Fotocomposición gama, s.l.
Impreso por Liberdúplex
Impreso en España - *Printed in Spain*

Agradecimientos

Cuando se escribe un libro como éste, es prácticamente inevitable que el autor acabe viendo reflejados en él los trazos que muchas y muy distintas personas han ido pintando en el lienzo de su vida.

Es un paisaje multicolor, multitemático y multisabor, pero es un paisaje auténtico.

A nosotros nos ha pasado exactamente eso. Con la perspectiva que aporta la lectura del texto ya acabado, sosegadamente, sin la presión ni las prisas de fechas límite para la entrega de originales, lo que vemos reflejado es el entorno en el que nos hemos desarrollado como personas; el entorno en el que somos y estamos.

De manera que no sería justo señalar aquí sólo a unas personas en concreto, basándonos en un criterio cronológico o de proximidad, por su colaboración específica en el desarrollo del presente texto. No sería justo para el resto de personas que también están aquí, de forma tal vez menos perceptible, pero igualmente definitiva.

Afortunadamente, nos sentimos deudores con una gran cantidad de seres humanos; muchos de los cuales incluso no hemos llegado a conocer personalmente, ya sea porque están lejos en la distancia o lejos en el tiempo. Da igual. Todos ellos han contribuido a formar el magnífico aluvión de ideas, pensamientos, sentimientos y sensaciones que han ayudado a alumbrar este libro. A todos ellos sin excepción, nuestra estima y nuestra gratitud para siempre.

Por lo que respecta a las dedicatorias, el sentimiento es diferente y la lista de nombres concretos es amplia, pero está llena de significado y cariño, nombre a nombre.

Queremos dedicar este libro a Cristina y Anna; David, Adrià y Martina;

Ventura y María Rosa; María Pía Caputo; Adela Cabrera; Jesús Méndez; Juan Antonio Lluch; Juan Luis Miravet; Albert Figueras; Alex Rovira y Jordi Zamora.

También queremos hacer una mención especial a la colaboración que nos brindó Alfons Cornella para el capítulo «Conversación», para cuya preparación pudimos contar con su talento como generador y/o transmisor de ideas frescas y estimulantes. Gracias a Alfons, la preparación de dicho capítulo nos aportó algunos de los más sugerentes momentos en la elaboración del libro.

Índice

Prólogo

Las funciones del director de una escuela de negocios no se limitan sólo a manejar una organización y su equipo humano, de tal modo que se transmitan conocimientos en búsqueda de la excelencia. Las tareas de una dirección de este tipo son muchas y son siempre enriquecedoras, porque implican facetas de amplio espectro. Una de ellas, probablemente de las más agradecidas, sea la de detectar el talento para difundirlo y, con ello, contribuir a construir un tejido social, humano y empresarial más potente.

Cuando a mediados del año pasado recibí la visita de los autores de este libro contándome su avanzado proyecto y sobre el que me pidieron opinión, les agradecí desde el primer momento la enorme confianza que me demostraban y les animé a darle forma definitiva cuanto antes, porque intuía en ella una herramienta de altísimo nivel para el desarrollo personal y humano de los directivos.

Además, detecté algo que cada día es más patente: las tesis que se sostienen en este libro cobran una creciente validez en nuestro mundo actual, porque obedecen a una necesidad de los directivos, quienes no pueden sustraerse a la necesidad de gestionar empresas desde el sentido de su actividad, desde el sentido de dirigir a personas y desde el sentido de cobijar a los valores humanos.

Este colectivo de directivos y de líderes está integrado por personas que agradecen aquellas invitaciones verdaderas y coherentes que le invitan a pensar en su oficio, que contribuyen a enmarcarlo en un contexto más amplio que su gestión diaria, ya que estamos en un mundo en el que los gestores deben saber manejar la complejidad. Y deben saber dirigir desde la riqueza y la pluralidad de tonos.

Las diversas fases y acciones del mundo de la gestión son crear conocimiento, almacenarlo, absorberlo y saberlo transformar en negocio. Todo esto exige a los directivos que aspiren a una forma de liderazgo nueva, que sepan pensar en un modelo propio, y que sepan proyectarlo con las personas hacia un futuro ejemplar.

Meditando el Management es una obra muy acertada para este propósito. Es un libro que responde a una necesidad de nuestro tiempo como pocas. Abrirá los ojos a un modelo de gestión futuro, que recibirá un creciente respeto y apoyo y que contará, sin duda, con un excelente futuro.

Alfonso Cebrián Díaz
Director General de E.A.E.
Escuela de Administración de Empresas,
Barcelona, abril 2003

Modo de empleo

Éste es un libro breve.

Y lo es a propósito, porque así nos lo aconsejaron tanto nuestro editor como nuestra propia experiencia personal, por varias razones.

La primera razón es que en multitud de encuestas y entrevistas se ha puesto de manifiesto que los directivos lectores –o, tal vez deberíamos decir, los lectores directivos– no disponen de mucho tiempo para leer, de forma que lo que realmente buscan son, en esencia, «cápsulas de pensamiento» más que largos textos teóricos, posiblemente con excelentes planteamientos pero con inacabables reflexiones y pocas propuestas prácticas. El tiempo de todos es, cada vez más, oro puro y es mejor aprovecharlo en contextos más estimulantes que cuatrocientas páginas de teorías impracticables.

Aun y con todo, la falta crónica de tiempo no es un panorama para ponerse a saltar de alegría. En realidad, podría acabar traduciéndose en una peligrosa falta de tiempo para reflexionar, para meditar. Y eso sí que, a la larga, resulta fatal para cualquier directivo.

Pero queremos imaginar que de lo que se trata es de leer intensamente, de «nutrir» la mente con celeridad y claridad, para luego «digerir», especular, considerar y pensar todo el tiempo que convenga, de forma que se puedan desarrollar realmente a fondo tanto las posibilidades profesionales como las oportunidades personales. El objetivo es saborear y disfrutar las ideas una vez las hemos hecho propias, transformándolas según la percepción y posibilidades de cada cual.

Otra buena razón para constatar que lo bueno y breve es dos veces bueno es porque en la preparación del libro hemos contado con el magnífico material legado durante siglos por personas de una clarividencia extraordinaria. Con este tipo de ayuda, se hace innecesario plantear largos párra-

11

fos explicando conceptos o sentimientos que otros, antes, han expuesto en diez o doce palabras, mediante unas citas inestimables. Hubiese sido absurdo intentar añadir palabras allí donde más palabras sobrarían...

Y una razón adicional es que nos gustaría que un libro como éste sea un libro al que se recurra una y otra vez. Un libro que resulte de lectura fácil pero estimulante, donde puedan encontrarse nuevos matices y aproximaciones distintas cada vez que uno se decida a releer un fragmento u otro. En este sentido, lo deseable es que cuando el lector piense en la posibilidad de volver a explorar una parte del libro, recuerde sus páginas con una sonrisa y no asociando su lectura a sentimientos de inquietud, pavor o simple tedio.

Debido a ello, éste no es un libro de dogma. Es un texto que pretende abrir puertas, pero no se atreve a predecir qué aparecerá detrás, dado que cada uno de nosotros es capaz de encontrar cosas muy distintas. No es objetivo del libro ofrecer soluciones *prêt-à-porter,* sino, más bien, sugerir los caminos posibles para encontrarlas.

El lector observará que el margen derecho de cada página derecha es extra ancho. Esto es así porque deseamos fomentar las anotaciones al margen por parte de cada lector. Pocas cosas son más hermosas que un libro con muchas anotaciones, ya sea en los márgenes laterales o verticales; la personalidad y carácter de un libro sólo se completan cuando su propietario-lector contribuye a enriquecerlo con su propia visión de las cosas. Adelante con las frases, los pensamientos, las especulaciones, los dibujos; cualquier idea anotada ennoblece y otorga naturaleza humana al libro que uno tiene entre sus manos.

Junto con el libro, hemos creído positivo también desarrollar la página web *www.meditandoelmanagement.com* para que en ella el lector pueda encontrar materiales adicionales que le estimulen a seguir meditando sobre todo lo aquí expuesto y más... De hecho, nos atrae la idea que todo pensamiento inducido por la lectura de este o cualquier otro libro será suficientemente bueno como para compartirlo con los demás. Y puesto que uno de los capítulos plantea que no estamos solos, por mucho que a veces nos sintamos así, esperamos que la web sea un lugar en el que puedan expresarse opiniones y compartir pensamientos que tal vez, más adelante, den paso a nuevos textos, forjados en común con nuestros lectores.

Por último, explicar que el libro ha sido escrito por los autores mediante la redacción individual de los capítulos, si bien, todas las ideas clave y los planteamientos de base han sido siempre debatidos y acordados de antemano (¡con escasos puntos de divergencia!).

Por esta razón, es probable que el lector identifique las diferencias de estilo de cada autor, lo cual podría resultar chocante si no se conociese esta circunstancia de antemano. Entendemos que, una vez constatado, este hecho no resta coherencia al texto, ya que las bases de pensamiento son muy parecidas a lo largo de todo el libro y, por otro lado, la forma de expresarse de cada uno es, al fin y al cabo, lo que probablemente le otorgue al texto final su personalidad específica.

Introducción

Buena parte de este libro se empezó a escribir hace más de 3.000 años.

Y aunque eso es mucho tiempo, cada una de las palabras, y los pensamientos que estas palabras recogen, siguen tan vigentes como cuando se escribieron.

Así que nuestra intención al ofrecer el libro, como mezcla *sui generis* de ideas, opiniones y reflexiones de otras personas junto con textos y pensamientos propios, no es ni por asomo reinventar la rueda sino, más bien, hacerla rodar otro poco en la buena dirección.

U otro mucho. Eso dependerá, sobre todo, de cada uno.

Todo empezó cuando llegamos a la conclusión de que en la actualidad, a los directivos nos siguen sobrando problemas, a pesar de que, para solucionarlos, también nos sobran –teóricamente– conocimientos.

De hecho, probablemente estemos saturados y sobrados de datos, información y técnicas de gestión. Y, sin embargo, los problemas siguen amontonándose mientras nosotros permanecemos sedientos de más conocimientos, a la búsqueda de nuevas soluciones que alejen, siquiera temporalmente, a los problemas.

Pero éstos no sólo siguen ahí sino que, además, se han multiplicado, desbordándose y traspasando el terreno profesional, adentrándose en el terreno familiar y en el personal más íntimo. Debido a nuestra profesión, ya no tenemos problemas únicamente de trabajo; los tenemos privados, sociales e, incluso, en algunos casos, de conciencia.

¿Por qué?

Porque con cierta clase de problemas, los conocimientos de tipo «técnico», basados en el desarrollo exclusivo de las llamadas «habilidades directivas», sólo aportan soluciones parciales, fragmentadas, y nos resultan de escasa utilidad ante la naturaleza de los retos a los que debemos hacer frente, día tras día, en el desempeño de las responsabilidades profesionales que hemos aceptado.

Los conocimientos son las herramientas, pero no consiguen nada sin una mano diestra que las maneje y que las sitúe en el contexto adecuado, con perspectiva.

Lo que en realidad nos hace falta no son más conocimientos, sino la solidez intelectual y la sensibilidad emocional para utilizarlos donde, cuando y como corresponda.

Es decir, profundidad de campo y ancho de miras.

O, en otros términos: sosiego y claridad de ideas; una vasta experiencia bien aplicada y asimilada, hecha propia.

En síntesis; simple y llanamente, **sabiduría**.

1

Viaje de regreso

*«Solamente dos legados duraderos podemos aspirar
a dejar a nuestros hijos: uno, raíces; el otro, alas.»*

HODDING CARTER

*«El mundo está lleno de buenas máximas;
sólo falta aplicarlas.»*

PASCAL

Vivimos en un mundo profesional ajetreado, que se mueve bruscamente y, al hacerlo, no se anda con rodeos. Es un mundo agresivo, complejo, sutil y al tiempo tosco, algo ingrato y que, además, cambia muy deprisa y sin avisar.

Pero estamos en él porque queremos estar, porque básicamente nos gusta, aunque eso no signifique que forzosamente tenga que gustarnos en su totalidad o no debamos plantear cambios allí donde los requiera. De manera que no podemos quedarnos al margen; hay que saber entenderlo, preverlo, conducirlo, aprovecharlo y, finalmente, en lo posible, mejorarlo.

Es curioso lo difícil que es no dudar. Pero ahí, en esa dificultad, reside probablemente la riqueza, el potencial. Sólo los necios no dudan nunca, porque la ausencia de duda confirma la incapacidad de escuchar, el desprecio por el otro.

Sin embargo, limitarse a dudar y no hacer nada por avanzar es la más evidente señal de puro *antiaerodinamismo*. No resulta práctico. Y para convivir hace falta ser práctico, sobre todo por respeto. El mundo, la vida y las personas alrededor (lo que se viene llamando «el prójimo») merecen respeto y movimiento. Pero no un movimiento cualquiera sino inteligente, en una dirección que tenga sentido, aunque sea un sentido propio y distinto.

Sólo con auténtica sabiduría podemos esperar alcanzar razonablemente lo que nos hará mejores profesionales y, también, mejores personas; probablemente más aptos para la felicidad.

Aprender a gestionar es, también, aprender a vivir. Vivir, en su mejor sentido, es gestionar el tiempo, la inteligencia y los demás recursos, que nunca han sido infinitos.

No podemos engañarnos en este punto. Se supone que hacemos todo lo que hacemos para ser felices. A nuestra manera, claro. Pero felices al fin y al cabo.

Y si no lo somos, porque nuestra profesión se nos ha colgado de la espalda y nos pesa más de la cuenta, es que está engordando a nuestra costa, nos parasita, nos resta fuerzas, nos oprime y, por encima de todo, nos deja un mal sabor de boca; un sabor de desasosiego y de infelicidad, con un rastro interminable de dudas personales sobre nuestra finalidad en la vida, el camino que hemos de seguir y las cosas que son realmente importantes.

> *«No se debe imitar a uno solo, aunque sea el más sabio.»*
>
> SÉNECA

Sabemos que no somos los primeros en plantear estas cuestiones; ésta es una buena señal. En realidad, la vida siempre ha sido un desafío para el ser humano, se vea por donde se vea. Que no seamos los primeros en buscar una solución es, simple y llanamente, una cuestión cronológica. No importa; puestos a reflexionar, es una gran ventaja. Los que estuvieron aquí antes nos han dejado muchas pistas y buenas pautas.

Las citas, los textos, los pensamientos a los que se recurre a lo largo del libro ponen de manifiesto que ya ha habido muchas personas antes que han tenido las mismas inquietudes, las mismas dudas, similares preocupaciones y, precisamente por ello, nos han anticipado magníficas reflexiones y nos han dejado para siempre unas propuestas y unos consejos que no podemos dejar desatendidos. Sería un bárbaro derroche desaprovechar tanta y tan privilegiada materia gris, cuyo legado está a nuestra disposición para aplicarlo en nuestras propias vidas.

La intención es recoger y utilizar una parte de lo que ellos ya descubrieron sobre los problemas (suyos y nuestros), hace muchos siglos o ayer mismo, y aderezarlo con nuestras propias conjeturas y propuestas.

Se trata de conseguir sólo una cosa: encauzar las mejores palabras de las mejores personas hacia las mejores intenciones. Se trata de añadir sólo las palabras necesarias para que actúen como hitos en el camino. Iluminar zonas por las que es del todo preciso navegar, como faros en la noche, señales luminosas en la pista de aterrizaje o bengalas en la montaña, teniendo por objetivo común ofrecer luz y orientación en la oscuridad.

Porque dirigir se interpreta demasiadas veces como un oficio nocturno; demasiado a menudo se realiza en horas oscuras, angustiosas. Y pocas manos amigas hay que en esos momentos quieran o sepan ofrecer un poco de luz como referencia.

Dirigir puede resultar, efectivamente, un oficio nocturno, pero no debería ser así. El mundo es cada vez más complejo porque existe demasiada información, porque somos cada vez más individualistas, pero también porque, en el orden laboral, muchas empresas son de un tamaño que se escapa a cualquier timón. Volvamos a dimensiones más centradas en el ser humano; volvamos a la raíz de nuestra humanidad, a la base de nuestro avance como especie.

El objetivo es ofrecer a las personas que ejercen funciones directivas y de liderazgo –ya sea en empresas o corporaciones privadas, instituciones públicas u organizaciones de naturaleza no lucrativa– un elemento reactivo que catalice con fuerza la reflexión sobre el ser humano y las facetas del mismo que más impactan en el desarrollo y avance de las organizaciones, para que al marcar la dirección a seguir y poner los medios para hacerlo, el directivo vigorice no sólo la organización, sino también a las personas que en ella colaboran y se fortalezca a sí mismo, en el amplio marco que le brinda ser antes una persona que un profesional.

Porque la clave está, finalmente, en los hombres y mujeres que se relacionan e interactúan con sus organizaciones, independientemente de los diversos roles que tengan asignados.

> *«El hombre tiene más de mono que de ángel*
> *y carece de títulos para envanecerse y engreírse.*
> *Se imponen, pues, la piedad y la tolerancia.»*

RAMÓN Y CAJAL

A esta visión de la gestión en nuestro momento y entorno nos ha parecido oportuno llamarla *Antroponomía*. Y enfrentados a la necesidad de otorgarle una definición, puede resultar aceptable entenderla como enfoque empresarial que sitúa a las personas por encima de otras consideraciones, generando una actitud directiva cuya prioridad se centra en el desarrollo humano y profesional de los colaboradores, induciendo, con ello, la obtención del resto de legítimos objetivos empresariales.

Abrir un espacio de reflexión con la exposición de un concepto inédito no está exento de riesgos. Pero ha pesado más el deseo de dar forma y cuerpo al conjunto de cuestiones que, a nuestro juicio, ha de llevar implícita una auténtica *gestión antroponómica,* en la que hay que mezclar con buena mano y equilibrado corazón los ingredientes humanos y económicos que vertebran nuestra sociedad y que, adecuadamente condimentados, pueden ofrecer un excelente plato en la mesa común, para evitar que pueda atragantarse la sociedad del siglo XXI.

No hay empresa o institución que tenga el más mínimo significado o importancia si no es a través de su interacción con las personas. No hay empresa si no existen proveedores, clientes, empleados, accionistas, sociedad. No sirven para nada un montón de mesas, lápices, ordenadores, productos, máquinas, almacenes, existencias, archivos, si detrás no hay personas que les otorguen su razón de ser.

Toda organización, desde un pequeño grupo de amigos hasta el más grande de los imperios, está orientada al ser humano; no es nada sin él.

Y pensando en seres humanos, es imprescindible volver a tomar conciencia de que es el alma el lugar donde reside la extraordinaria fuerza interior de las personas. Conocerla y entenderla es el único camino que nos llevará a un nuevo crecimiento, un paso adelante. Ése es el núcleo central del enfoque antroponómico.

Hay quienes dicen que no estamos ante una época de cambios sino, más bien, ante un cambio de época, en el que la espiritualidad se abre paso en todos los ámbitos y las personas tienen cada vez más claro que no

deben existir diferencias fundamentales entre sus sentimientos, valores o motivaciones y sus actuaciones, ya
sean privadas o profesionales.

La clave para interpretar lo que todos estamos diciendo cuando hablamos de «mayor calidad de vida» es exactamente ésta. Todo tiende a ser una sola cosa; el ámbito
laboral y el ámbito personal se aúnan progresivamente y
todo el mundo desea sentirse bien en cualquiera de ellos,
porque las fronteras entre ambos se disipan y, en la actualidad, ya casi nadie está dispuesto a pasar las muchas
horas diarias que el trabajo requiere, soportando un estado semipermanente de insatisfacción o frustración.

**«Pensar es la más ardua de las tareas; por eso tan pocos
lo hacen.»**

HENRY FORD

Es hora de simplificar, hacer cosas sencillas, que no
simples; ver claramente, ajustar el catalejo y afinar la
precisión de la mirada. Ante lo banal, sólo hay tres opciones posibles: quitar, quitar, quitar. La frase perfecta,
el pensamiento perfecto, no será aquel al que no se le
pueda añadir nada, sino aquel al que ya no se le pueda
quitar nada.

Y, sin embargo, aquellos llamados a dirigir el curso
de las organizaciones tienden a olvidar continuamente
esta realidad esencial. Tienden a concentrarse mucho
en las herramientas, a confiar ciegamente en ellas y,
por el contrario, a dejar sumida en el olvido a la mano
que las maneja.

Dominar las herramientas es un primer paso necesario; nos hace más productivos y, consecuentemente,
competitivos. Este hecho no se cuestiona. Pero dejarlo
ahí es quedarse a mitad de un camino que, de ser recorrido, nos ayudará a resolver de la mejor manera posible los grandes problemas profesionales, los auténticos
rompecabezas de la gestión empresarial desde un punto de vista estratégico, porque en el proceso también

se abren nuevas puertas para el desarrollo personal de cada uno en su dimensión más completa: la de ser humano.

Sin buscar ni ejercer la sabiduría somos como un cuadro a medio pintar, una obra inconclusa.

«El olvido de lo que es genuinamente humano es la principal razón de por qué tantas personas del mundo empresarial se sienten más torturadas que ayudadas por las últimas técnicas de gestión y por los procesos de mejora a nivel de empresa.»

TOM MORRIS

Así, como en la mayoría de las cuestiones humanas, confirmamos que el misterio –y su solución– residen en el alma de las personas; en sus deseos, temores, obsesiones, virtudes y defectos, anhelos y expectativas. Y para desentrañar esos misterios y las pautas de comportamiento, para focalizar todo su potencial en la dirección más adecuada, la mejor herramienta no es ninguna técnica concreta sino un amplio y profundo poso de sabiduría.

Una sabiduría destilada a través de muchas experiencias directas, de contactos con otras personas y sus trayectorias vitales; de intercambios de opiniones, pareceres, vivencias –amargas o gratificantes–. Es decir, un saber hacer y una intuición fruto de *haber estado allí antes,* ya sea personalmente o mediante la experiencia transmitida por otros.

Pero que quede claro que la sabiduría de la que estamos hablando no es una sabiduría generalista y global, que pretende resolver todos los enigmas de *la Vida* con mayúsculas, del Cosmos, de la Filosofía... Resultaría pedante y, además, no es en absoluto el propósito del libro.

Se trata de una sabiduría más concreta, más próxima; la verdad simple pero compleja de tocar con los pies en el suelo para conocer y desenmascarar algunas claves de la conducta humana en el ámbito laboral, tanto la de los demás como la nuestra propia.

Aquello que nos hace grandes o miserables, escépticos o devotos. Aquello que nos permite alcanzar los puntos más remotos sin poner reparo en los esfuerzos ni lamentar el cansancio, si este cansancio nos parece justificado. Aquello que nos da fuerzas en momentos de flaqueza y nos señala el camino más certero. Aquello que nos convierte en referencia visible para otras personas, ejemplo útil y esclarecedor del porqué de muchas cosas. Aquello que nos mueve de verdad porque, al hacerlo, nos acerca un poco más a la felicidad, sea cual sea el nombre que le demos a este estado.

El futuro exigirá a los directivos utilizar cada vez más a fondo el recurso esencial de la sabiduría. Ése será el reto personal, el elemento diferenciador, porque la acumulación de los conocimientos imprescindibles se les supondrá de antemano a todos. Debemos dedicarnos a ello como si de un músculo se tratara: nutrirlo, entrenarlo, ejercitarlo y aplicarlo en todo momento, poniéndolo manos a la obra. Una obra que implica obtener todo lo que nuestras empresas y organizaciones legítimamente aspiren a obtener. Pero hacerlo de forma racional, equilibrada, equitativa y ética para con el Hombre, la Sociedad y para cada uno de nosotros.

Nosotros también somos personas, al fin y al cabo. Y, precisamente por eso, la antroponomía no puede quedarse encerrada en el marco teórico de un libro; sólo será real y practicable si se le da la oportunidad de estar presente en las gestiones directivas que realizamos todos los días.

> *«La felicidad consiste en percibirse a uno mismo sin miedo.»*
>
> Walter Benjamin

Este libro se ha escrito con el propósito de ofrecer una ayuda al lector para trabajar en su caudal interno de sabiduría. No se trata de que con estas lecturas lo vaya a adquirir; de hecho está ahí, ya lo tiene. Más bien es un libro que puede darle las pautas para que a partir de ahora ponga este músculo en forma y lo mantenga así el resto de su trayectoria vital: profesional y personal, abriendo los nuevos viejos caminos que ya han recorrido muchos otros antes.

Para que podamos ver que no estamos solos en este proceso y que la forma más potente para enriquecer nuestra vida es compartiendo inquietudes y experiencia. No importa si algunos pensamientos parecen o de hecho son contradictorios; la diversidad de experiencias, creencias, mitos, criterios, opiniones, amores y odios es lo que nos abre puertas y nos permite elegir y, al hacerlo, crecer.

Si el lector está leyendo esto es que algo en su interior ya avanza en ese camino y le empuja a seguir haciéndolo. Posiblemente el mismo lector haya transitado ya por estos caminos en algún momento de su pasado y hasta podría ser que algunas de las palabras que recogemos en el libro fueran suyas (o casi...). Nada impide aspirar a ser mejor, más sabio, más feliz.

> *«El hombre sólo alcanza dimensión humana en el momento de la decisión.»*
>
> PAUL TILLICH

Este libro quiere ser un cauce del arte de lo humano al servicio del líder. De utilidad para aquellos a quienes les importan las personas, sin renunciar a la importancia de las cosas. Aquellos para quienes el respeto es un principio superior.

Este libro es una reflexión sobre la gestión y el cambio en la sociedad de la *infotoxicación,* no tanto por lo que la información tiene de cantidad, sino por lo que puede tener de sesgada y parcial. *Meditando el Management* es una herramienta contra el olvido, contra el olvido de lo esencial: la necesidad de no derrotar a la condición humana y, por tanto, la necesidad de recordar a quién dirige, qué es lo que realmente vale la pena. A saber: la capacidad de trabajar juntos y en aprendizaje continuo; la necesidad de ser generosos para poder ser más que lo que uno ya es.

No es el libro de un técnico ni para un técnico. No contiene un sistema exacto ni tiene otro patrón que aquello que debe ser reconocido como humano: aquello que nunca puede ser deshecho.

Es una obra que abre la mano y la tiende. Busca la sonrisa, la ironía, el humor, la complicidad, el pensamiento. Busca la emoción. Y quiere ser acompañada por la inteligencia.

Con estos mimbres queremos tejer aquellos cestos.

Y así ad infinitum, porque este texto quiere ser una obra que recorra las páginas de muchas vidas para que éstas recorran el interior del propio lector. *Meditando el Management* abre un campo de batalla interno, en el que se dirime el combate entre valor y precio; entre autoridad y poder; entre comer bien a costa de lo que sea o comer y dormir bien.

Pero no es un libro que sólo contenga dos tonos de cada color. Su objetivo no está formulado en términos tan simples. Le preocupan los matices, le interesa dudar, habida cuenta de que pretende proporcionar algo que perdure. Porque las voces interiores que dicen verdades persisten en la conciencia, incluso en el fragor ruidoso y ensordecedor de cientos de pequeñas y grandes batallas diarias.

En nuestra personal dimensión y escala (tan reducida...), los pensamientos que dan cuerpo a este libro quieren contribuir a constituir el espíritu directivo que, a nuestro juicio, ha de caracterizar el tiempo que empieza, con aquellas palabras que más nos han convencido/conmovido de entre las muchas escritas en los tiempos que ya han pasado. Desde este enfoque llano es como cabe interpretar un título como *Meditando el Management*.

De forma que, tras todo lo dicho, tal vez fuese mejor empezar este viaje de otra manera. Puede que diciendo algo así como:

«Buena parte de este libro se empezó a escribir hace 3.000 años. Pero se reescribe en versiones nuevas y diferentes cada vez que uno de nosotros comienza a leerlo...»

Es hora de zarpar.

> ***«Pensar es reunir ideas, como si éstas coquetearan unas con otras.»***
>
> THEODORE ZELDIN

2

El territorio común:
no estamos solos

¿Cuál es el punto de encuentro entre su memoria
y la mía?

ELIE WIESEL, Premio Nobel de la Paz, 1986

¿Queda alguna duda de lo interrelacionadas que están las cosas? En la empresa en la que trabajamos, las personas con las que compartimos la vida y/o el trabajo, ¿son de naturaleza distinta a nosotros, a nuestros amigos, a nuestras familias, a nuestras personas queridas?

Detengámonos a pensar un momento sobre el entorno en el que nos hacen vivir. A medida que los mercaderes del mundo nos ofrecen todo lo que parece deseable, o, mejor dicho, nos ofrecen un mundo de manera que nos parezca deseable, aumenta el espacio de vacío, porque, en el fondo, nos alejamos de lo esencial.

Y sin lo esencial, aunque las cosas a nuestro alrededor parezcan bien empaquetadas, pueden agrietarse. Y cuando esto sucede, las personas se resquebrajan. Nosotros nos resquebrajamos.

Ningún ser verdaderamente humano desea aborrecerse a sí mismo, y, sin embargo, nuestro sistema social y económico empieza a mostrar sus fisuras a los seres que gozan –y sufren– la conciencia. Es un sistema poderoso y con luces brillantes, pero, para quienes sepan mirar, es un sistema profundamente equivocado, porque confunde, sistemáticamente, valor y precio.

Esto presenta complicaciones: las personas, la sociedad, los grupos humanos se polarizan. Unos, a los que deberíamos llamar (si llamamos a las cosas por su nombre) «los pasivos», serán unos seres débiles y moldeables, personas fáciles de mantener en una posición en la que lo único que se espera de ellos es que sean simples y dóciles consumidores.

Otro grupo, el que podríamos llamar con un cierto sentido del humor como el de «los duros», serán realmente duros de pelar, aunque, a veces, paguen un elevado precio por esa forma de resistencia que les hará sentir, probablemente sin razón, muy solos.

Es hora de disponer de estrategias para sobrevivir ante la coexistencia de la más pura televisión basura y el más auténtico libro de pensamiento, o película que tenga algo que decir. Así es y así será... Y no sólo eso, sino que cada vez lo será más. La zona «limbo» desaparece (o, al menos, es más difícil creérsela, sentirse a salvo en ella).

Y las personas que trabajan, podrán elegir entre saberlo o ignorarlo. Hoy tenemos más elementos de juicio que nunca para ejercer la opción y elegir entre desprecio o respeto. Cada día se notará más en los productos y servicios el respeto hacia quien los compra o recibe o, su otra opción, el engaño hacia su consumidor. Al menos, para quien sepa mirar.

Analicemos la página web de cualquier gran corporación: normalmente sólo se nos mostrarán excelencias, y, sin embargo, en más de un caso, la realidad puede ser muy diferente. Cualquiera que se atreva a mirar a fondo y sepa analizar, verá el engaño. No es fácilmente soportable vivir (ni trabajar) en una empresa cuya filosofía esté basada en la trampa, en lo equívoco, en lo falso.

Todo esto es tan evidente que la sociedad libre y que piensa clama sobre ello. Por citar un ejemplo, el mundo del arte no es ajeno a esta reflexión. Tomemos el cine, por ejemplo. Entre los centenares de obras recomendables, sería bueno ver en este contexto la película *Bamboozled*, de Spike Lee, o *El compromiso* de Elia Kazan. Porque el buen cine contiene muy buenas preguntas y algunos buenos apuntes de respuesta.

Regresemos a la empresa: hay miles de empresas, millares de directivos, millones de empleados. Nada de lo que aquí digamos se aplicará en todas ellas, sería imposible. Pero en algunas ya existen personas –directivas, o no– quienes barruntan lo que aquí compartimos: no habrá modelo que dure si no se basa en el sentido. Y sus líderes tienen que ser algo más que gente que diga dos o tres veces al día la palabra «implementar», una palabra-refugio, señal, a veces, de la carencia de recursos propios.

A medida que se vayan destapando los numerosos casos de escándalos financieros que estaban ocultos bajo las moquetas, más tarde o más temprano, alguien deberá ir diciendo la verdad. El cuento «El rey está desnudo» será dentro de poco más vanguardista que una película de Quentin Tarantino. Muchas cosas ya no serán posibles. Una parte del público, de los clientes, de los empleados, de los accionistas no tragarán con cualquier cosa. Es la hora de algunas verdades.

No sería malo que los ladrones de guante blanco acabaran presos, porque su estafa roba a empleados, clientes, accionistas, consumidores... En una palabra: a la sociedad, a sus ciudadanos. Es triste pero cierto: malos tiempos en los que el presidente de Estados Unidos tiene que firmar leyes (tras el famoso caso Enron) que castiguen a quien roba (porque ello supone, en cierto modo, que esas leyes son novedad en ese país).

Pero, insistimos volviendo a la idea que nos mueve: esto no va a ser una revolución numerosa. El mundo se polariza y se polarizará más: hasta llegar a pulverizarse, porque cuando no existe lo común, existe el riesgo de mirar al otro con desconfianza, cuando no desprecio, u odio: todas ellas son manifestaciones basadas en el miedo.

El miedo es un concepto cada vez más presente en la vida del primer mundo y de las clases altísimas de los países pobres. En estos países, algunas personas viven en fortalezas inexpugnables. En casos extremos viajan, incluso, en helicóptero, para evitar pisar las calles de su país por donde pasan los parias quienes, en parte, viven sin menos miedo, entre otras cosas porque ya no tienen nada que perder.

Añadamos a ello que la clase media enriquecida recientemente en países pobres vive atemorizada. Su casa es un intento de blindaje. Esta terrible situación es otra muestra más de un hecho contradictorio: un cierto ascenso social te hace sumergir en un pozo oscuro de miedo. Cuantas más cosas materiales tienes, más miedo tienes. ¡Valiente ventaja!

Pero, recordémoslo, el miedo y los efectos de una situación de angustia no sólo están en esas calles y ciudades. Pregunten a terapeutas físicos y psíquicos, pregunten a los médicos cómo están, en realidad, sus clientes. Incluso seres aparentemente poderosos necesitan todo tipo de terapias para contener la inundación, el desmoronamiento interior.

Y, en otro orden de riquezas, fastos y poder, otras brechas aparecen y se manifestarán aún más crudamente: habrá *info-ricos* e *info-pobres*. Habrá parias y super, superricos. Habrá empresas muy grandes, y muy, pero que muy pequeñas. Habrá varias elites en el futuro. Unas, de ventas; otras, económicas; otras, de *branding;* otras, de credibilidad real, de respeto. No siempre la autenticidad será reconocida. No siempre es visible. Formar parte de la elite ya no estará forzosamente garantizado por la dimensión de la empresa, del mismo modo que la calidad de un libro no depende ni de su precio ni de su extensión. Habrá que buscar una orientación ante todo este lío. Y vivir, en su mejor versión, se acercará al arte y a un cierto modo de experimentar la vida que no deje de lado a la virtud.

> *«Mi padre, una abeja en la colmena, las manos limpias*
> *y el alma buena.»*
> DICHO POPULAR

Quisiéramos sabernos acompañados por una inquietud común. Ésa es la que nos debe llevar a buscar el bien común. En los colectivos profesionales (que, no olvidemos, son colectivos humanos) debe existir ese concepto. Y de él se llega al respeto, al sentido y al verdadero éxito.

Porque hay algunas formas de éxito que son despreciables. Algunas empresas (o grandes puestos en administraciones públicas) y algunos de sus altos cargos parecen piezas de gobiernos corruptos, cuando no sanguinarios y dictatoriales.

Probablemente convendrá recordar que hoy –por oposición a la inmediata posguerra mundial– los verdaderos gobiernos son crecientemente los consejos de administración de empresas multinacionales. En este sentido, también desde un punto de vista nacional y supranacional cada vez hay menos gobernantes en el sentido de grandes líderes que velen por los intereses del bien común.

Algunos ejecutivos de grandes corporaciones, algunos políticos con grandes cargos públicos desprecian, espían, calumnian, acosan, difaman... ¿Vale la pena triunfar con las manos sucias? ¿Es eso triunfo? Hubo gobiernos que quisieron gobernar mil años y sólo con doce mostraron toda la infamia que contenía la tierra. ¿Vale la pena estar invitado a una cena y tener al lado a una persona que, en el fondo, es despreciable? ¿Vale la pena estar en la foto al lado de según quién?

¿Cuál es la medida del triunfo? ¿Qué signos son suficientes para un ser humano, para que se sienta realizado? Mejor ser uno mismo y luchar y defender lo que uno cree. Ganar o perder sólo tiene sentido si se hace por lo que uno decide que tiene valor.

> *«Y que por encima de todo no situaba el honor de su mujer, sino el principio de que el honor debe ser defendido, sea honor o no, porque defenderlo hace que lo sea o no.»*
>
> FAULKNER

¡Qué grande es Faulkner! Leerlo y entenderlo ensanchan el mundo con espacio esencial. Si no se entiende su frase, es hora de conectar el televisor (y, sobre todo, disfrutar de todos los programas en *prime time*). Nuestros «respetos» por este instrumento que, mayormente, consigue a la perfección el cometido de una parte del sistema: todos tenemos más deseos de los que nunca hubiésemos soñado; el único problema es que no son nuestros.

Por triste que resulte, a veces, la única diferencia entre algunas personas y un animal, es que el animal no entiende la publicidad. Por eso las personas y sus deseos son un material tan manejable y manipulable. Y, en determinados casos, algunos de esos deseos han sido diseñados específicamente por personas a las que nuestra historia, nuestros ideales, nuestros orígenes, nuestros valores, no importan, casi nunca, nada en absoluto.

Es hora de hablar de respeto, y de articularlo en la vida y en el mundo del trabajo. Cuando se le preguntó a la gran editora inglesa Liz Calder qué es lo que más le gusta de su trabajo, contestó: «¿Cómo puedes llamarlo trabajo?»

En los últimos años, una parte importante de las sociedades más avanzadas en Occidente han asistido a un imparable avance de los signos exteriores de riqueza. Y, paralelamente a ello, han crecido las manifestaciones de las fisuras del sistema. Lo repetimos de nuevo: cada vez es mayor el número de personas que sufre depresiones laborales, que quisiera cambiar su trabajo; mayor la cantidad de seres que se sienten infelices en su contexto profesional y/o vital; mayor el número de terapias y terapeutas alternativos. Si el barco hace aguas y no tenemos silicona, bueno parece ser el chicle o el saco de arena. Todos a tomar selenio y a ver si no nos oxidamos.

¿Y cómo pensar con una mente bien ordenada, si se intenta hacer con nuestro pensamiento una veleta? Veamos, por citar un ejemplo, la prensa. Hoy, cualquier periódico tiende a contener dos grandes bloques de información: una, mayoritaria en espacio, que no es más que un publirreportaje, al servicio de quien paga. Llevándolo al extremo descarnado, lo que a mí, como lector, me parece vomitivo, a otro tal vez le sea útil, o incluso divertido.

La información que nos llega está tamizada. Los periódicos hoy son como los filtros que se utilizan ante los objetivos cuando se fotografía en blanco y negro: un filtro amarillo oculta este color pero resalta el rojo; uno, azul, hace lo propio con su color, pero resalta otro. El periódico X, no tendrá ojos para según qué tema, pero en cambio será agudo comentando y analizando a fondo otro. Ya lo decía F. S. Fitzgerald en *A este lado del paraíso,* que por el precio de un periódico alguien te decía cómo tenías que pensar.

El otro bloque de información, más reducido, pero más profundo, gana una creciente presencia. En él se apunta como un termómetro fiel hacia los síntomas de patología colectiva, y sobre la que, de vez en cuando, algunas personas comprometidas y magníficas, se manifiestan. Con sus opiniones, advertencias, sugerencias o diagnósticos, están aportando oxígeno a un sistema embrutecido. Son los buenos periódicos, o revistas o –más frecuentemente– buenos articulistas. Porque hoy las verdades, con altavoces, pueden decirlas muy pocas personas. Y conviene no perdérselas.

Y sin embargo, leerlas, escucharlas, compartirlas es más necesario que nunca. Volvemos a la necesidad del oxígeno. Es significativo ver que uno de los mejores signos de amistad es comentar con nuestra gente de confianza estas entrevistas o artículos que muestran verdades que necesitan ser recordadas o expresadas, para no enfermar todos irremediablemente. ¿Por qué tenemos cada vez más esta necesidad? Porque, claramente, a algunas personas nos cuesta soportar las contradicciones de este sistema.

La mayor parte de las mejores entrevistas en *La Vanguardia* y su página «La Contra» apuntan, en un sentido u otro, a lo que estamos expresando: es hora de escuchar a la naturaleza, a nuestros amigos, a las personas con las que convivimos, a personas muy distintas a nosotros, a los sin voz...; es hora de decir cosas que habían caído en desuso; es hora de cuestionar muchos valores aparentemente inamovibles; es hora de hablar en serio de educación, de políticas a largo plazo, etcétera; es hora de reconocer que otros sistemas de vida tienen razón de ser; es hora de ver hasta qué punto vivimos en democracias reales (o cómo se desvirtúan); es hora de ver hacia dónde evoluciona nuestra sociedad...

Otro ejemplo sería *Le Monde Diplomatique,* que ofrece una cosmovisión ordenada y coherente y, por tanto, inquietante. Todos estos medios serios muestran las grietas de un sistema que no puede dar respuesta a necesidades humanas de creciente interés, porque son cada día más legítimas.

Aún no se ha encontrado el palo que sustentará el pajar de este nuevo modelo de pensamiento que se manifiesta en lugares y acciones como Porto Alegre, Seattle, Génova, Barcelona, ATTAC, etcétera. Pero algo se está cocinando y, sin duda, es nuevo.

Y los actuales cocineros –que hoy son dueños absolutos de este «restaurante-mundo»– no sabrán componer coherentemente una propuesta que responda aceptablemente a este modelo de sociedad que ya tiene muchísimos individuos cuya voz emerge con fuerza, discrepando.

Todo esto no es más que un marco global que nos

encuadra y nos obliga a redefinir en qué tipo de paradigma de empresa queremos trabajar, queremos liderar. En el más puro espíritu de la obra de Thomas S. Kuhn, *La estructura de las revoluciones científicas,* en la que se nos aclara magistralmente la necesidad de cambiar de paradigma, esto es, de modelo explicatorio de un sistema científico, cuando éste ya no puede explicar las nuevas manifestaciones o revelaciones que depara la ciencia. Porque el mundo al que llamamos «real» lo es porque lo hemos hecho así, pero sería distinto si lo hubiésemos hecho de otro modo. Éste no es el único mundo posible. Por tanto, hay otras realidades posibles.

Miremos el mundo empresarial que nos rodea: parte de este sistema es obsoleto. Algunas empresas son como complejos militares: ganan guerras, pero ¿a qué precio?

> *«Si hay una derrota en la condición humana*
> *es la necesidad de humillar.»*
>
> ELIE WIESEL

Toda fuerza interior proviene mayormente de una de las dos siguientes opciones: ser un feroz y sanguinario déspota o ser un líder cuyo respeto está basado en trabajar con la gente, no en contra. Los tiempos de la reforma calvinista ya no son adecuados ni siquiera para los países en que se originó: hoy es demasiado el grado de individualismo (tanto de las personas lúcidas como de las más aborregadas, porque hay un individualismo extendido ampliamente entre todos los colectivos posibles). Aunque las personas tengan distintos objetivos y distintos grados de conciencia vivimos el imperio de los individualismos. Para unos, será aprovechado para vivir su vida; para otros, para poder seguir comprando lo que creen que han llegado a desear por ellos mismos. Lean sino, *13,99 euros* de Fréderic Beigbeder.

El mundo del trabajo en el futuro está repleto de enormes desafíos. Nadie puede dirigir como en la posguerra, o en pleno desarrollismo, o en momentos de burbuja financiera: crece el número de las personas que saben demasiadas cosas (no tanto como el de las que sólo quieren consumir, es cierto). Y, sin embargo, ante este público exigente, sólo corporaciones y directivos de talla real podrán atreverse a preguntarles qué piensan, qué necesitan, qué productos y servicios, qué modelo de sociedad reclaman. Pocos resistirían mezclarse con su gente, como por ejemplo hizo Enrique V antes de la batalla de Agincourt, escuchando lo que pensaba su tropa, según la película de Kenneth Branagh, basada en la obra de Shakespeare.

Es posible dirigir siendo respetado. Hay ejemplos. Por el contrario, las empresas desestructuradas tienen futuro sólo en la medida en la que el grifo de los recursos sea infinito. Pero esto se está acabando, porque Occidente se enfrenta a competidores que se contentan con un cuenco de arroz. Por tanto, una de las opciones será tener mejores directivos, para tener mejores empleados.

Hay que competir por algo más que el precio. En nuestro primer mundo, satisfechas ya las necesidades básicas, es el momento de dar sentido. Sin sentido, no sólo enferman las personas, enferman las organizaciones. Cuando uno tiene que escuchar al cliente, al mercado, o al empleado, es la hora de la verdad. Y lidiar con ella no es una tarea cómoda.

Hoy son una inmensa legión de obras, estudios, científicos y terapeutas quienes reclaman soluciones a un mundo enfermo. Enfermo porque no va a la raíz de las patologías, y enfermo porque se inventa enfermedades para vender nuevos productos que las curen.

El siglo XXI ha empezado en dos tiempos. De hecho, ha empezado dos veces. En 1989 nos hicieron creer que «nuestro sistema había ganado». El 11 de septiembre del 2001 y sus consecuencias (también las empresariales) nos hicieron empezar por segunda vez el siglo. Creíamos que estábamos salvados, con una cloaca que sólo llegaría al tobillo de los menos afortunados y la cloaca está en todas partes. Hoy nadie está a salvo de nada. Demasiada gente ha defraudado, engañado y manipulado. Y a un nivel de desfachatez desconocida. Es el momento, por tanto, de manifestar opciones. No sólo en la intimidad de la familia, de los amigos, de lo más privado.

Las fronteras entre público y privado se desvanecen. Todo está más junto de lo que nos hacen creer. No sólo ha cambiado el clima por causa del efecto invernadero. Ha cambiado la manera de relacionarnos entre las personas. ¿Alguien lo duda? La condición humana es la misma. Las grandes preguntas también. Pero la situación del individuo en nuestra sociedad, y su relación con las personas, su propia vida, su individualismo, su trabajo, sus relaciones afectivas, etcétera, son muy distintas.

«Una muda necesidad de decencia», reclamaba el gran autor italiano Primo Levi, en su obra *Si no ahora, ¿cuando?* ¿Por qué no dar voz a esa necesidad?

De ser cierta la frase de James Baldwin: «La gente acaba pagando por lo que hace. Y paga mucho más por aquello en lo que han llegado a convertirse. Simplemente, pagamos por la forma en la que vivimos...», habría llegado el momento de mirarnos detenidamente qué somos, dónde estamos y a dónde se supone que deseamos llegar. Aunque la polarización del mundo sea asimétrica, y las personas que elijan el respeto sean la minoría, valdrá la pena luchar para estar cerca de ellas. La otra opción, la de la mayoría, es comprensible, pero espantosa. Mejor vivir con sentido.

Preguntas a solas

1. ¿El individualismo es un bien o un escollo para nuestra vida?

2. ¿Vida y trabajo son dos esferas estancamente separadas?

3. ¿Qué valores hacen que me sienta unido a la gente con la que trabajo?

4. ¿Qué parte de mí quisiera ver reconocida en mi trabajo?

5. ¿Cuál es el precio de no tener una vida equilibrada?

6. ¿Cómo van mis relaciones familiares y personales a causa de mi trabajo: a mejor o a peor?

7. ¿Qué signos de cambio detecto en la sociedad? ¿Y en mi entorno más cercano? ¿Coinciden o discrepan? ¿Qué puedo hacer yo en un caso u otro?

3

Luces y sombras

«Para los filósofos, la ambigüedad es una debilidad,
para los poetas, una virtud.»

UMBERTO ECO

«Tanto si te crees capaz como si te crees incapaz,
tendrás razón.»

HENRY FORD

La vida nos ofrece blancos y negros, pero lo hace en contadas ocasiones.

Más bien, lo que normalmente nos plantea es una infinita paleta de distintos tonos grises, como si al hacerlo, pretendiera evitar a propósito las fronteras precisas de las cosas. Nuestras experiencias nos enseñan, una y otra vez, que pocos conceptos o situaciones se nos aparecen «en estado puro» a lo largo de la vida. Y cuando uno se plantea buscar los orígenes de las cosas o las causas de cualquier circunstancia, prácticamente siempre se pueden identificar diversos factores que, cada uno en diferente proporción, han llevado a que los hechos sean de una manera y no lo sean de otra.

Es decir, hemos de saber interpretar la diversidad y la ambigüedad como elementos naturales de la vida, en cualquiera de sus manifestaciones, incluyendo, por supuesto, nuestras propias vivencias y desarrollo, ya sean personales o profesionales.

La diversidad y la ambigüedad no sólo son inevitables sino que, asumidas adecuadamente, pueden resultar un potente punto de partida para nuestra capacidad de interpretación de todo aquello que nos rodea y, en consecuencia, de su encauzamiento y aprovechamiento en la dirección más adecuada.

El éxito y el fracaso son también parte de esas cosas que están compuestas por una inmensa paleta de tonos claros y oscuros, siempre entremezclados y nunca prefectamente nítidos. No existen ni el éxito ni el fracaso completos, definitivos, porque nuestra existencia, medida por los raseros de éxito y fracaso, tiene numerosas facetas y éstas son, además, mutables en el tiempo, de forma que estamos viviendo en estado de cambio permanente, con fortuna desigual en cada una de nuestras dimensiones como personas, ya sean de ámbito privado o profesional.

En realidad, parece altamente improbable que podamos vivir de forma simultánea, exactamente el mismo estado emocional, ya sea éxito o fracaso, en *todas* las facetas de nuestra vida multidimensional de seres humanos.

Lo más evidente es que, en realidad, simultaneamos éxito y fracaso según la faceta que consideremos: tal vez en nuestra vida privada con nuestra pareja estemos viviendo un momento especialmente dulce mientras que con uno de nuestros hijos o familiar próximo estemos pasando un momento de relación tensa y difícil; en el trabajo tal vez vivamos momentos de enorme éxito pero en cuanto a nuestra espiritualidad interior estemos atravesando un bache emocional preocupante.

Es decir, éxito y fracaso conviven a diario con nosotros y nos muestran que la vida está hecha, irremediablemente, de ambos. Otra cosa será el peso específico que tenga cada uno en el conjunto de nuestro viaje vital. Pero la ponderación no está en otras manos que las nuestras; según cómo percibamos nuestra vida, así percibiremos la «cantidad» de éxito o fracaso que contiene.

> *«Los errores visibles son más educativos que los que no se afrontan.»*
>
> GABRIEL ZAID

Conceptos tan simples pero tan esenciales como las dos caras de una moneda o el Yin-Yang oriental nos recuerdan incansablemente que el orden del Universo está basado en la complementariedad de los conceptos antagónicos.

De la convivencia de los extremos surge la realidad que nos rodea, de la que formamos parte indisoluble. No aceptar este principio es negar la realidad de nuestro entorno, así como nuestra propia naturaleza.

Un magnífico vehículo para visualizar esta realidad es la Cinta de Moebius, que en todo momento nos presenta dos caras siendo ambas, en realidad, la misma siempre.

¿Es una paradoja? En absoluto. Es una forma extraordinaria de visualizar y explicar lo que tendemos a olvidar, o deformar, evitando la parte de las cosas que no nos place. Sin embargo, esa cara que preferimos ocultar sigue ahí, terca e inmutable, indiferente a nuestros esfuerzos por ignorarla.

No hay bien si no existe el mal; ambos son referencia mutua y son tan importantes el uno para el otro que, de no existir uno de los dos, no podríamos realmente conceptualizar el otro. Es decir, nos pasaría desapercibido completamente, lo que equivaldría, en términos prácticos, a su inexistencia. Idéntica suerte corren todos los extremos opuestos: positivo y negativo, ventajas e inconvenientes, vida y muerte, salud y enfermedad, alegría y tristeza, riesgo y oportunidad, calma y furia, guerra y paz.

> *«No existe nada bueno ni malo; es el pensamiento humano que lo hace aparecer todo así.»*
>
> SHAKESPEARE

Obviamente, el ser humano persigue incansablemente sólo la mitad que le conviene. O, mejor dicho, la mitad *que cree* que le conviene. Y esto es así porque nos empeñamos en ver sólo lo que nos causa placer inmediato, tildando de indeseable lo que a primera vista no encaja en nuestras ideas de agrado, interés, utilidad, provecho, etcétera, aunque lo no deseado sea capaz de generar mucha más satisfacción a medio o largo plazo. Huimos de los problemas intuitivamente, nos alejamos de ellos por instinto.

Pero la pregunta que cabe formular aquí es: ¿qué nos diría un análisis más reflexivo y racional de lo que son los problemas? ¿Cuál es su naturaleza y por qué aparecen? Y, de hecho, si suponemos que son inevitables porque forman parte ineludible de la realidad, cabe preguntarse entonces ¿son realmente negativos los problemas? Y aun aceptando que lo fuesen, ¿es negativo *tener* problemas?

Lo que resulta verdaderamente sorprendente es descubrir que tener problemas es, fundamentalmente, positivo, porque problemas y ventajas pueden acabar siendo una misma cosa. Y será nuestra actitud hacia los problemas lo que realmente acabe otorgándoles el poder de perjudicarnos o de ayudarnos, transformándolos en oportunidades.

Cabe rebatir que los hechos objetivos nos perjudican o nos benefician, de forma clara e inequívoca, sin posibilidad de cambiar ese diagnóstico sólo porque nuestra voluntad personal se niegue a aceptarlo.

Pero esta reflexión, sin ser incorrecta, es del todo incompleta. Está olvidando algunos puntos clave que pueden acabar otorgando otro color a la primera instantánea que hemos obtenido de una situación. ¿Qué es realmente perjudicial? ¿Lo es de igual forma ahora que dentro de una semana, un mes, un año? ¿Hemos analizado de forma exhaustiva todas las opciones que podemos barajar antes de asumir irremisiblemente que tenemos un problema? ¿El supuesto problema nos resulta igualmente perjudicial en todas las facetas de nuestra vida? ¿O sólo en alguna, hasta el punto de que, mirado desde otra perspectiva, nos está beneficiando en un aspecto que no habíamos tenido en cuenta?

> *«Si cierras las puertas a todos los errores, puedes dejar la verdad fuera.»*
>
> SAN JUAN

> *«La mayoría de las personas gastan más tiempo y energías en hablar de los problemas que en afrontarlos.»*
>
> HENRY FORD

Pero supongamos que nos enfrentamos a un problema serio y que, se mire por donde se mire, es negativo. Incluso así y en cualquier caso, la actuación que desarrollemos inicialmente frente al problema y nuestras reflexiones, conclusiones y experiencia posteriores fruto de las consecuencias de dicha actuación nos han de resultar, necesariamente, beneficiosas, de forma que, un problema ahora puede desembocar en un buen número de *no problemas* en el futuro.

No se trata de mostrar un optimismo a toda costa (que, por cierto, no es ninguna tontería) sino de mantener una actitud constructiva bajo cualquier circunstancia, lo cual es bien distinto. La actitud adecuada no eliminará los problemas presentes pero sí tamizará los eventuales problemas futuros de naturaleza similar y, además, nos permitirá observar con un ángulo más completo y enriquecedor los problemas futuros de naturaleza distinta.

La idea, sin embargo, no es simplemente mantener una actitud positiva frente a los problemas cuando éstos surjan. Ésa es la parte fácil y que, normalmente, tenemos ya más o menos ejercitada en función de la personalidad y circunstancias de cada cual. El reto real está en la aceptación de que los problemas siempre estarán aquí, que forman parte de nuestras vidas y que, necesariamente, conllevan una parte positiva de igual calado que la carga negativa que atisbamos en ellos.

El auténtico reto que tenemos como seres humanos que se esfuerzan por acceder a un nivel superior de conocimiento, está en consolidar una actitud que sistemáticamente busque y encuentre esta parte positiva, con la convicción de que podemos encontrarla porque *seguro* que está ahí.

> *«La desgracia abre el alma a una luz que la*
> *prosperidad no ve.»*
>
> LACORDAIRE

Aceptar la inevitabilidad de los problemas no es, ni mucho menos, claudicar ante ellos. Es, más bien, interpretarlos bajo una óptica distinta, donde la habitual visión que tenemos, estrecha y egocéntrica, de nuestras vidas no nos lleve a la típica reflexión por la que parece que *el Cosmos entero está en nuestra contra* y se dedica, permanentemente, a buscar formas sutiles o abiertamente hostiles de perjudicarnos siempre que le resulte posible. Como si una especie de fuerza invisible se dedicara a maquinar toda clase de pequeñas molestias o grandes problemas solamente por fastidiar. En síntesis, una visión de las cosas que también se conoce por paranoia...

Desde luego que, para cada uno de nosotros, nuestra vida es de lo más importante que tenemos entre manos. No sólo es lógico e inevitable sino que es legítimo. Pero eso no significa que perdamos de vista que, en el conjunto de las cosas terrenales, nuestra vida resulta conmovedoramente pequeña y que, a escala universal, por rica y satisfactoria que resulte, nuestra existencia tiene apenas relevancia.

La clave para darle la vuelta a los problemas, como si fuesen calcetines, reside precisamente en la aceptación de esta gran verdad. Cuando nos enfrentamos a la escala cósmica de la vida, automáticamente ponemos en marcha un proceso de relativización que es fundamental para situar muchos pensamientos y reflexiones en el mejor contexto.

Con la humildad necesaria y la grandeza de miras imprescindible, hemos de ser capaces de convertir cualquier problema en una fuente de satisfacciones.

Cuando uno se detiene para analizar con cierta calma la secuencia de pensamientos y acción que tiende a desencadenar la presencia de cualquier problema, puede entrever la gran carga energética que se libera en el proceso, con la potencialidad positiva que ello conlleva.

Veámoslo:

Esta larga cadena es básicamente la misma siempre que decidimos enfrentarnos a un problema, sea de la clase que sea. El encuentro de la solución a un problema es una de las fuentes de felicidad más importantes conocida por el ser humano. Pocas cosas unen tanto a las personas como la superación de las adversidades y pocas dan más cohesión y sentido a nuestra existencia que la constatación de nuestra influencia y relevancia en el entorno inmediato en el que vivimos.

Un problema superado es como una potente descarga de *fuerza vital,* que nos retorna a un nivel de satisfacción –consciente o inconsciente– mayor del que teníamos antes de la aparición del problema.

> *«Los golpes de la adversidad son muy amargos,*
> *pero nunca son estériles.»*
>
> RENÁN

Pero podemos ir más allá. De hecho, incluso si la solución es errónea o no somos capaces de encontrarla, podemos sentir frustración porque el problema siga ahí a pesar de nuestro esfuerzo, pero no nos sentiremos dolidos en nuestra autoestima ni generaremos una percepción propia negativa, porque seremos bien conscientes de haber actuado, de haber buscado, de haber luchado.

Esta constatación nos hace más fuertes siempre.

Es cierto que el fracaso frente a un problema nos puede abatir, pero siempre estamos mejor en un sentido de autorespeto y autoconciencia después de haber luchado contra él que antes de hacerlo. Con independencia de la eficacia de la solución, nos apreciaremos más por el solo hecho de haber plantado cara a las circunstancias. Ése es un valor concreto y positivo que está latente siempre en todo problema, por terrible que éste sea.

Volviendo a la secuencia antes descrita, es muy destacable observar la gran cantidad y variedad de consecuencias que trae consigo el mero hecho de abordar un problema. Entran en juego emociones y sentimientos, capacidad de percepción, capacidad de reacción (física o intelectual), capacidad de decisión, capacidad de ejecución y capacidad de aprendizaje. Nada mal como fórmula para poner a prueba y mantener a punto el conjunto de nuestras habilidades.

Y una vez visto así, estamos a un paso de recordar que tener habilidades, ejercitarlas y ser conscientes de ello equivale, realmente, a estar vivos. ¿Qué cosas de semejante magnitud tenemos a nuestro alcance para recordarnos tan directamente lo extraordinario que es estar aquí, lo magnífico de ser seres pensantes, lo inhabitual a escala cósmica de poder interactuar voluntariamente con nuestro entorno? Cuando tenemos problemas estamos exactamente tan vivos como cuando creemos no tenerlos.

> *«El hombre a quien el dolor no educó, siempre*
> *será un niño.»*
>
> N. TOMMASEO

Las moscas en verano pueden resultar un molesto problemilla. Ciertamente, hay momentos en los que acabaríamos «matando moscas a cañonazos» por lo pesadas que pueden llegar a ser. Visto así, en un contexto vacacional y de acentuado *dolce far niente,* las moscas *son* un problema.

O también la causa de una pequeña y gratificante satisfacción si nos damos la oportunidad de buscar «el otro lado» y, opcionalmente con un enfoque distinto, pensamos:

«Mi cuerpo es un instrumento de extraordinaria sensibilidad: siento en cualquier punto de toda mi superficie, por remoto que sea, el más leve movimiento de un ser miles de veces más pequeño que yo; minúsculo. Y si cierro los ojos, puedo seguir mentalmente todos sus movimientos; avances, pausas, vueltas, retrocesos.»

«Estoy vivo. Ahora mismo tengo consciencia de mi cuerpo y de mi mente y también, consciencia de otro ser y, puestos a pensar, consciencia de todo lo que me rodea: el sol, el calor, la brisa, los sonidos; todo lo que me ubica aquí y ahora. *Estoy,* y eso en sí mismo es, simplemente extraordinario.»

> *«En las adversidades sale a la luz la virtud.»*
>
> ARISTÓTELES

Como culminación de esta visión de las dos caras de la moneda que nos brinda la vida, cabe volver a la Cinta de Moebius y redescubrir que, desde el principio, no estamos realmente hablando de dos caras sino de una sola; una sola cara, que es la que siempre nos ha estado ofreciendo la vida, sólo que nos hemos empeñado en interpretarla desde dos puntos de vista antagónicos, ¡simultáneamente!

Participar de este hallazgo y, sobre todo, mantenerlo presente en nuestra mente (serle fiel) es uno de los retos más estimulantes que nos propone nuestra existencia como seres humanos.

En referencia a los sentimientos de ambivalencia que a veces nos invaden y nos generan inquietud, uno muy característico es aquel que se relaciona con nuestros períodos de evolución visible.

Se trata de aquellos momentos de variación en nuestras vidas que ponen de manifiesto, de forma patente e ineludible, que hemos cambiado. Cuando uno cobra conciencia de que se han producido variaciones en su forma de pensar, derivadas de una evolución, intelectual o emocional, no siempre se siente cómodo o feliz. Sobre todo cuando ello puede significar renunciar a anteriores creencias y/o conductas, incluyendo compartir vivencias con personas a las que nos sentimos muy vinculados.

Cuando somos promovidos para asumir por vez primera el mando sobre otras personas, la lógica alegría y orgullo que sentimos pueden verse muy deslucidos por la preocupación y malestar que nos inflige saber que, «a partir de ahora, algo en mi comportamiento tendrá que cambiar, me guste o no...». Convertirnos en *jefes* y asumir e integrar en nuestro organismo el derecho y la obligación del mando puede ser tan traumático como la infección adquirida tras el contagio con un severo virus.

Pero no tendría ningún sentido ignorarlo; estamos «infectados» y, de nuevo, tanto puede ser un problema como una oportunidad. Así que, más vale aceptar que, siendo aún los mismos, ya no somos la misma persona.

Si alguien nos otorga ahora la responsabilidad de la jefatura será porque es ahora y no anteriormente el momento en que ese alguien nos juzga capacitados para ello. Es decir, ahora y no antes, nos ve en un nivel de evolución personal que le lleva a asumir el riesgo (¿oportunidad?) de dejar en nuestras manos y a nuestro tándem *Cerebro-Corazón* todo lo que conlleva coordinar, influir, adiestrar, estimular, supervisar y preparar a otras personas.

Y por más que pretendamos seguir con algunos métodos operativos que en el pasado nos han funcionado, tendremos que afrontar el hecho de que algunos de éstos han pasado a mejor vida y debemos buscar en nuestro «almacén interior» otros inéditos, adecuados para la nueva situación que vivimos.

> *«La mente de un hombre, ensanchada por una nueva idea, nunca puede volver a las dimensiones originales.»*
>
> OLIVER WENDELL COLMES JR.

> *«Cada fracaso le enseña al hombre algo que necesitaba aprender.»*
>
> CHARLES DICKENS

Probablemente, una metáfora útil de este proceso sería el conjunto de cambios que «vive» un cohete cuando desarrolla su viaje hacia la Luna. Cuando despega, requiere de sus grandes depósitos de combustible para arrancar con fuerza y poder liberarse de la atracción gravitatoria. Sin el empuje titánico de todo ese combustible, alojado en el interior de sus grandes depósitos laterales, nunca sería capaz de iniciar su increíble aventura.

Pero el trayecto que se inicia no sólo es largo y complejo. Es, sobre todo, cambiante, y requiere tanto de las distintas habilidades del *software* que lleva el cohete –su tripulación– como del *hardware* que lo compone –su estructura y elementos–.

Así, por el camino, se verá obligado a cambiar, utilizando destrezas y habilidades muy diversas (no es lo mismo el despegue en la Tierra que el aterrizaje en la Luna) o modificando su propia fisonomía, asumiendo que lo que en algunos momentos del periplo ha sido esencial para el éxito, en otros puede llegar a comprometer totalmente su supervivencia. Baste con recordar las imágenes que todos hemos presenciado, en las que, en un momento determinado, pequeñas explosiones controladas han permitido a la nave desembarazarse de los grandes depósitos de combustible que, una vez vacíos y sin utilidad para el resto del viaje, han de desaparecer, permitiendo el avance.

De esta forma, el cohete pasa por distintas fases, llegando a ser un vehículo, al final de su trayecto, radicalmente distinto del que era cuando lo inició.

> *«No hay hombre más desdichado que el que nunca probó la adversidad.»*
>
> DEMETRIO

Si interpretamos nuestra trayectoria vital como una analogía del viaje espacial, entendemos más claramente que las habilidades de hoy pueden llegar a resultar un peligroso lastre mañana, tanto para nosotros como para quienes nos rodean. Y también podemos deducir fácilmente que una virtud esencial en este proceso ha de consistir en mantener nuestra sensibilidad alerta para reconocer aquellos momentos en los que es clave poder deshacernos de parte de nuestra forma de ser para facilitar la adquisición de otra forma nueva, adaptada a un nuevo contexto personal o profesional.

Esta transformación nos permitirá mantener intacto el tándem *Cerebro-Corazón* de nuestra nave particular y podrá llevarnos al siguiente puerto en nuestro viaje sin fin a lo largo de la vida.

No es difícil descubrir otros ejemplos que nos muestran una y otra vez la importancia de la mutación personal para el proceso de avance vital. Las orugas/mariposas son otra muestra especialmente bella de un cambio necesario en el proceso de evolución «personal» de otros seres vivos.

Es obvio que cambios de esta naturaleza son, muy frecuentemente, dolorosos, tanto en el ámbito físico como en el terreno psíquico y emocional.

Pensemos, por ejemplo, en el magnífico espectáculo que es contemplar cómo crecen nuestros hijos; casi poder «ver» cómo se estiran ante nuestros ojos. Pero pensemos también lo doloroso que es para ellos este proceso: sus huesos y músculos padecen toda suerte de desplazamientos y tensiones en su movimiento expansivo, acarreando cansancio, malestar y dolor en muchas ocasiones. Sin embargo, crecer es maravilloso...

Como también lo es crecer intelectualmente. De repente, volvemos a estar inmersos en mares de dudas y perdidos entre montañas de preguntas. Justo cuando parecía que dominábamos a placer nuestro entorno, nos enfrentamos a retos de los que no tenemos más que vagas referencias de oídas, sin experiencias propias que podamos aplicarles. Nos encontramos buscando pautas desesperadamente y sufriendo, adicionalmente, la recriminación de los demás o los devastadores efectos de las inseguridades propias.

Nos vemos despedidos violentamente de nuestra zona de confort y, en medio de la tormenta, no sabemos dónde asirnos para evitar que nos arrastre la tempestad. Sin embargo, justo ahí, se encuentra el punto en el que debemos deshacernos cuanto antes de nuestros vacíos depósitos de combustible –¡nada menos que los que nos han permitido llegar hasta aquí! y, en consecuencia, a los que tenemos gran apego porque nos transmiten confianza y seguridad–. Porque son los mismos que ahora pesan enormemente sobre nuestras espaldas y hace tiempo que no contribuyen a que sigamos alzando el vuelo. Y por si fuera poco, también deberemos afinar nuestras dotes de navegación, o incluso rebuscar en nuestras mochilas (nunca exploradas a fondo, afortunadamente) para encontrar brújulas que se orienten hacia nortes diferentes; aquellos que ahora puedan regir el curso del nuevo trayecto, una vez alcanzada esta zona...

> **«Las dos mayores tragedias de los seres humanos son:**
> **no alcanzar el éxito y alcanzarlo.»**
>
> BENJAMIN DISRAELI

No es probable que, en momentos relevantes como los descritos, seamos tan clarividentes como para reconocer fácilmente nuestros apegos y poder prescindir de ellos sin sentirnos, al mismo tiempo, dañados intensamente, como si nos extirpasen parte de nuestro cuerpo. Entre otras razones porque, efectivamente, es éste un proceso que equivale a una extirpación.

Nuestras formas de ser y de comportarnos son fruto de nuestra personalidad y carácter, que han ido forjándose en la difícil tarea de vivir y progresar como seres humanos, de forma que son parte de nosotros, *son* nosotros.

Y cuando llega el momento de prescindir de una de esas partes, nos resulta conflictivo identificarla pero, sobre todo, nos resulta realmente doloroso eliminarla. Sólo hay una fuerza que nos empuja, una sola fuerza que nos permite superar la resistencia interna que nosotros mismos nos imponemos. Una sola fuerza que, sin embargo, es la más poderosa: el instinto de supervivencia.

Aprovechémosla, para que no nos limitemos a *«supervivir»* sino a vivir en un estado superior.

«Está en la misma esencia de las cosas que del disfrute del éxito, sea el que fuere, surgirá inevitable una nueva causa que exigirá aun mayores esfuerzos.»

WALT WHITMAN

Preguntas a solas

1. ¿En qué aspectos he mejorado como persona tras mis dos últimos momentos amargos en la vida?

2. ¿Qué tres personas han influido más profundamente en el desarrollo de mi vida hasta hoy? ¿De qué forma concreta lo ha hecho cada una?

3. ¿Cuánto tiempo me dura la satisfacción que siento al constatar un éxito? ¿Es distinta esa duración si el éxito es profesional o personal? ¿Debiera serlo? ¿He reflexionado suficientemente mi respuesta?

4. ¿Qué pasos di –consciente o inconscientemente– para volver a levantarme tras mi último fracaso? ¿Volvería a hacerlo de la misma forma hoy? ¿En cuántas personas busqué apoyo, directa o indirectamente? ¿Hoy me parecen muchas o pocas? ¿Cómo enfocaron ese apoyo cada una de estas personas?

5. ¿Sería capaz de enumerarle a mi mejor amigo/a cinco aspectos positivos que yo entreveo para él/ella de su más reciente situación negativa? ¿Cómo se lo plantearía? ¿He planteado el enfoque pensando en él/ella o en mí?

4

La columna vertebral (intelectual y emotiva)

> *«De tanto mirar, creo que se acaba aprendiendo.»*
>
> MARGUERITE DURAS

> *«...Velas y vientos cumplirán nuestros deseos...»*
>
> AUSIÀS MARCH

Todos debemos convivir. Ser con los otros. Ser con nosotros. Navegar con los vientos, aunque no dependan de nosotros, pero viajando hacia nuestro destino, no alejándonos de él. Hacer valer el valor de nuestra voluntad. Notar el barco y aceptar los vientos.

Es decir, vivir es el resultado de la combinación de dos elementos: destino y voluntad. Por tanto, una parte muy importante dependerá de nosotros, y nuestra solidez dependerá de cómo se articule esta parte.

> *«Destina el destino, pero el resto depende de mí.»*
>
> MIGUEL TORGA

Vivir nos da la oportunidad de expresar nuestro deseo, nuestro ser. Y ser fuertes (o no serlo); ser uno mismo (o no serlo).

Siendo fuertes, no necesitamos quitar espacio a nadie, atacar a nadie, humillar a nadie. Siendo fuertes es más fácil ser buena persona. Fácil no forzosamente en el sentido de cómodo, sino de coherente. Es tiempo de no andar despistado. Y no es fácil: demasiadas luces, demasiados anuncios, demasiadas cosas que nos distraen de lo esencial. Nuestro reto es llegar a ser quien queremos ser, sin traicionarnos. Sin vendernos, ni vender lo que nos es querido, aquello que nos importa.

Ser un buen gestor es difícil, pero para algunas personas vale la pena. Ser una buena persona es dificilísimo, pero para algunas personas vale mucho el esfuerzo.

Otra forma de verlo es decir que a las buenas personas no les cuesta serlo, porque forma parte de su carácter. Para quien tenga una naturaleza sana, le es muy fácil y natural ser buena persona. Y, por el contrario, para quien tiene un fondo cruel, egoísta e insensible, es imposible ser una buena persona; es una forma de tara.

En cualquier caso, valdrá la pena pensar en el timón. Y el timón está, en cierto modo, más en la columna vertebral que en las manos. Columna vertebral en el sentido de fundamentos del edificio que nos sostendrá en momentos de peligro, de duda, de riesgo de zozobra o naufragio. Porque las manos sirven para dirigir, pero en la vida se necesita una columna que te sostenga muy fuerte. Una columna que sujete y timonee con cabeza y corazón, con cuerpo y alma.

El cerebro solo no es suficiente. El corazón tampoco. Manejar el timón exige fidelidades, compromisos, pero también memoria, porque los golpes de mar serán siempre continuos y no aceptan bromas (aunque una buena columna vertebral implica, necesariamente, tener humor, saber reírse de uno mismo).

Hay que dirigir sabiendo mirar adelante, pero también a los lados y hacia atrás. Respeto tiene su raíz etimológica en mirar atrás. Tener consideración; no actuar como si uno estuviese solo. Y, además, los otros nos pueden ayudar a navegar.

Por eso es preciso tener claro lo que nos es querido, lo que nos funda, lo que nos da apoyo, lo que nos permite ser. Lo que nos ancla en lo fundacional. Lo que nos dará cobijo en época de incertidumbre.

Porque habrá épocas de una gran dificultad, siempre las habrá. Y deberemos estar bien pertrechados en la solidez interior. Malraux decía: «El siglo XXI será religioso o no será.» Y Umberto Eco dijo algo así como que la gente quiere novelas con menos sexo y más latín.

Ambas afirmaciones abundan en comentar que necesitamos respuestas. No forzosamente religiosas, pero sí, necesariamente, impregnadas de valores. Y los valores no se adquieren, como la inmunidad a una infección, con una simple vacuna. Necesitamos estar preparados por un proceso de formación exterior e interior que nos lleve a ser fuertes e íntegros. Sólo con ver la película *Qué bello es vivir,* de Frank Capra no sirve, lamentablemente. Sería bonito, pero no es suficiente.

Veamos otra señal de nuestro rumbo erróneo: malos tiempos en los que incluso amigos a veces no lo son tanto. O cuando parece que te exijan hacer daño en lugar de dirigir desde el respeto. Malos tiempos cuando parece como si uno sólo pudiese resignarse a que haya amistades *efectivas* (es decir, que tienen efectividad y que están unidas por el interés) y otras, las amistades *afectivas* (las que no tienen trato mayor que el de los afectos y sentimientos). Malos tiempos para la lealtad, parece.

Y, sin embargo, siempre sin embargo: la apuesta es dirigir sin ignorar al otro, sin despreciarle. Dirigir para integrar. Liderazgo desde la cabeza (sin excluir el corazón), con el timón en la mano, sin tener una espalda vulnerable. Siendo uno quien es. Dirigir sin espada. Dirigir con espada es fácil, pero manda la espada. Y el (falso) equilibrio se mantiene mientras tengas la espada. Un equilibrio precario. Véase, como ejemplo político, la situación en Israel y Palestina.

Si aceptamos que queremos ser conscientes, añadimos una complejidad extrema a nuestro ser y a nuestra existencia, porque le añadimos profundidad, calidad, matices y, por tanto, complejidad. Por eso, en las empresas, a menudo no se quiere a gente mayor, porque saben más cosas de la vida, y no entienden a la empresa y a la gestión necesaria de la misma como un manual de instrucciones que hay que aplicar sin cuestionar, sino que lo entienden como algo que puede y debe ser matizado, que no debe ser un dogma férreo que excluya a los otros. Llevado al extremo, personas de 50 años quieren contratar a gente que no supere los 30. Una forma obscena de perversión. Porque oculta verdades.

Tiene mayor profundidad aquel colectivo humano que tenga un mayor y más extenso registro de matices.

Que escuche a más voces que a las que deben aplicar un manual de uso. Si los clientes no se simplifican, ¿por qué querer organizaciones simples? Será mejor tenerlas sencillas, pero no romas, sin matices. Habrá que saber decodificar lo que se avecina. Habrá que prever lo que será útil hoy y mañana. Habrá que detectar y encontrar lo valioso. Y uno solo no puede hacerlo. Sin escuchar, sin crear una cultura del diálogo, se reproducen sistemas a menudo paranoicos.

Leer es escuchar, es conversar con nuestros sabios. Los milenios de cultura son una forma de conocimiento que no debemos perder. Ignorar la sabiduría, el conocimiento, es una forma de desprecio a la inteligencia, al respeto que debemos a nuestros mayores. Los mayores que deberíamos saber escuchar son nuestros libros abiertos, a la espera de su lector.

Algunos, ya sólo asequibles desde la lectura de sus textos. Otros, por fortuna, todavía a nuestro alcance.

Vivir debe ser un proceso de aprendizaje continuo, de respeto, en el que la propia fortaleza da, cada vez más, espacio a los otros.

«Hay que amar la vida, y no sólo la nuestra.»

EMILIO LLEDÓ

Así es. Y en este mundo hay cada vez más ruido y demasiada información irrelevante. Eso sí, empaquetada con unos lazos de hermosísimos colores. Los lazos están pasando a ser el contenido. Empaquetamos cosas vacías demasiado a menudo. Vendemos humo. Pasa a ser contenido lo superficial. Diseñamos muy bien lo superficial. Ya no sabemos cuántos coches más hay que comprar, cuántas prendas de ropa interior nos harán aún más bellos, cuántas operaciones de cejas, labios o pómulos nos acercarán más a unos modelos parecidos a los dioses de un Olimpo imaginario. Ellos, de existir, se reirían de nosotros.

Hay que amar la vida. Y nuestro es el espacio de tiempo en el que transcurre la misma. Además, a ello se añade, recordémoslo, que todos trabajamos. Y cada vez más horas, y cada vez con una pretensión de que sea respetada nuestra individualidad. Y hay otras personas, que también quieren cosas y aspiran a cosas. Esto se complica. Personas que se ven desafiadas por miles de dudas: de orden técnico, social, económico, laboral, emotivo, práctico, familiar, legal...

El bien común exigirá que respetemos al otro. Y hay que tener una columna fuerte para respetar. Grandes serán quienes piensen y hagan (o, al menos, aspiren verdaderamente e intenten realmente) cosas grandes.

Dirigir, en una de las escuelas de pensamiento más toscas, se ha interpretado como el oficio de gladiador. *Ave Cesar, morituri te salutant.* Hace falta ser primitivo para ser así. Diez, veinte, treinta años de supuesto triunfo a cambio de ser un gladiador, campeón del campo de batalla sangriento, maestro del *gore,* de la infamia, de no poder mirarse al espejo y decirse realmente «en quién te has convertido». Comer bien siempre a cambio de –si aún queda un poco de dignidad– no dormir bien nunca más. Y, encima, no podemos engañarnos. Lamentablemente, en según qué casos, se puede dormir perfectamente bien siendo un perfecto canalla.

Elías Canetti, premio Nobel de Literatura de 1981, nos recuerda: «Se más sencillo, hablas como si fueses un enviado. Deja las espuelas de la arrogancia, bájate del rocín de los tres próximos milenios, vive mientras vivas, no te metas en un tiempo en el que no estás, de todos modos. Deja dormir las intenciones, olvida tu nombre, olvídate, olvida tu muerte.»

Y aun así, dirigir es una tarea hermosa. Y hermosísima si puedes contar con el respeto de la gente que te conoce, con la que trabajas, que sabe qué estás haciendo y por qué. ¿Cómo se puede trabajar sin ser respetado? *Oderint tum metuant* decía Calígula: «mientras me teman que me odien». Vaya plan. Parece que sólo convencía a su caballo (al que nombró senador). Ese hecho histórico es un perfecto ejemplo de dónde no hay que llegar. Acabas convenciendo sólo a los caballos, porque les das una sinecura, un negociado. Una prebenda.

«Hay más de una sabiduría en el mundo», decía Marguerite Yourcenar, «y es bueno que se vayan alternando».

Hoy, vivimos más juntos que nunca (forzadamente, por el alcance y profundidad de la invasión en nuestra vida que significa la densidad de las ciudades, la presión de los media...). Y por ello, el mundo es crecientemente más insufrible si no entiendes al otro. Recientes estudios científicos muestran que más de la mitad del tiempo pasado en la oficina se puede llegar a perder por los efectos de la desconfianza. O se confía o no se confía. La confianza es como un embarazo: no se puede estar sólo un poco embarazada.

¿Dónde hemos llegado? Algunas estadísticas indican que sólo dos de cada diez empleados hablan bien de su empresa y que, por el contrario, ocho de cada diez no se sienten responsables de su empresa (la empresa no es sentida como algo suyo, sino de «ellos», los que toman las decisiones excluyéndolos). Cuando se pierde esta confianza, hay que tener la capacidad de generarla sinceramente, e intentar invertir esta tendencia.

Para ello, se necesita una columna vertebral fuerte y algunas firmes fidelidades.

> *«Todo ser, activo y pesimista, es o será fascista, a no ser que tenga una fidelidad tras de él.»*
>
> ANDRÉ MALRAUX

Preguntas a solas

1. ¿Qué es lo más querido de mi vida?

2. ¿Qué he aprendido de la gente más importante en mi vida: padre, madre, etcétera?

3. ¿Sin qué cosas no veo viable mi proyecto vital?

4. ¿Mantengo la alegría en mi trabajo?

5. ¿A qué estoy dispuesto a renunciar a cambio de más tiempo?

6. ¿A quién puedo pedir consejo cuando he de tomar decisiones realmente importantes?

7. ¿Qué pienso cuando estoy absolutamente solo/a, sin distracción posible?

8. ¿Cómo me gustaría ser? ¿Qué escollos hay para llegar a ello?

9. ¿Qué he perdido en el trayecto hasta llegar donde estoy?

5

Conversación

«Si me ofreciesen la sabiduría con la condición de guardarla para mí sin comunicarla a nadie, no la querría.»

SÉNECA

«Los pensamientos son como tapices plegados o arrollados; la conversación los despliega y los pone a la luz del día.»

TEMÍSTOCLES

«De muchas ideas nuestras no nos habríamos enterado jamás, si no hubiésemos sostenido largas conversaciones con los otros.»

NOEL CLARASÓ

«La sabiduría no puede fluir de aquel que la posee a aquel que no la desea.»

WALT WHITMAN

«Alguien sabio no es el que sabe más que tú, sino el que, cuando te habla, te hace sentir más inteligente de lo que eres.»

ANDRÉ SCHIFFRIN

«La auténtica conversación no se limita a barajar las cartas; crea cartas nuevas.»

THEODORE ZELDIN

... Jordi Nadal, Alfons Cornella y Ventura Ruperti, tomando un café, en una lluviosa tarde de finales de diciembre, a punto de despedir 2002...

Alfons Cornella, Barcelona, Junio 1958. Fundador y Presidente de *Zero Factory S.L. (Infonomía.com)*, think-tank con un servicio de suscripción de pago de los primeros en ser lanzados en Europa. Ha sido Director del Centro de Información Empresarial y Profesor de Sistemas de Información en ESADE (Barcelona). Ha escrito varios libros y publicado cientos de artículos. En los años 2000, 2001 y 2002 ha sido designado por «El Mundo» como una de las 25 personas más influyentes en Internet en España.

Jordi

...la idea que venimos barajando es si podemos aprender gestión a partir del conocimiento genérico de otras personas y si, de algún modo, la sabiduría «clásica» se puede aplicar al mundo de los negocios y de la gestión de forma clara y directa. ¿Tú cómo lo ves?

Alfons

De hecho, muy bien... Pienso que el *management* es, según mi propia experiencia, algo muy borroso. Es decir, que en estos momentos no sabemos muy bien qué es exactamente el *management,* con la discusión perpetua sobre si es una ciencia o no. Yo creo que es como pisar un terreno muy, muy líquido, ¿no?

Ventura

Muy movedizo...; te entiendo. De hecho, el pensamiento empresarial va y viene en esa dirección y, afortunadamente, encuentra continuamente cuestiones que le permiten dudar, aventurar hipótesis o revisarlas, confirmando que hay aún mucho terreno por explorar. Sin embargo, según cómo lo veas, también puedes pensar que ya está todo dicho; que hace miles de años que ya está todo dicho. Para mí, el atractivo de la cuestión está justo ahí.

Alfons

En cualquier caso, como tú decías, es muy movedizo, todavía por definir... Por eso creo que es muy interesante que lo planteéis a partir de las experiencias reales de las personas, porque las experiencias concretas son, en este campo, la forma de avanzar. Yo siempre he sido contrario al *management* «de academia» o «de salón», porque la experiencia me ha mostrado que sólo cuando te pones a gestionar algo es cuando realmente aprendes. En mi caso, por ejemplo, siempre explico que al pasar de cobrar un sueldo a tener que pagar diez es cuando realmente entendí qué era la gestión, lo que implica de verdad. Por esto, una pregunta que se me ocurre es ¿hasta qué punto estáis convencidos de que la gente con muchos años de experiencia tiene realmente algo claro que aportar a la gente más joven? Si tuvierais que concentrarlo en una simple palabra, ¿qué es lo que un directivo joven puede aprender de un directivo mayor? Ante una sola palabra ¿cuál utilizaríais?

Ventura

«Vivir», diría yo. Pero no sé si me gusta la idea de sintetizar en una sola palabra todo aquello que creemos que puede transmitir una persona mayor a una persona más joven, sean directivos o no. ¿Cómo podemos resumir en un solo concepto algo tan rico y complejo como la experiencia de toda una vida? Quizá por eso, de tener que escoger, me quedo con «vivir», porque, a su vez, es suficientemente rica en matices para que cada uno la interprete a su aire, según sus propios parámetros. Trabajar forma parte indisoluble de nuestras vidas y, por eso, de lo que se trata es de que el trabajo sea gratificante, enriquecedor, que potencie el desarrollo personal... Cuando uno escucha y aprende de la experiencia y las vivencias de otra persona de su mismo ámbito profesional, es como si estuviera recibiendo un magnífico regalo, un cheque al portador por valor de muchas horas de aprendizaje; el mejor regalo posible: ¡tiempo! Y lo que esto implica es que uno pueda evitarse el alto coste personal del proceso de prueba y error, que nos somete a un fuerte desgaste. Y aunque nada sustituye a la propia experimentación de las cosas, como una gran forma de aprendizaje, evitarnos según qué tropiezos a través de las experiencias de otros redunda claramente en una mejora de nuestra vivencia profesional y, por ello, también de nuestra vida. Por eso, aprender de los demás nos permite vivir mejor; a nosotros y a quienes nos rodean, porque cuando uno está haciendo *management,* en su sentido más de liderazgo, de abrir camino, está contribuyendo a crear una experiencia *vital* propia y para los demás que puede ser muy enriquecedora para todos.

Jordi

Para mí, la palabra podría ser también «serenidad». Es decir, sosiego para pilotar una nave, llevando a un equipo, absorbiendo las dificultades, sin transmitir angustia y cohesionando ese equipo. Serenidad sería, por enlazar con lo que dice Ventura, vivir en plenitud y con conciencia. Por eso, en nuestra opinión, ha llegado la hora de que escuchemos muy a fondo a nuestros mayores, a los clásicos y a la gente que ha pasado por momentos en los que ha tenido que demostrar su capacidad de encaje, de mantener el equilibrio, de cohesionar y de escuchar. Por lo tanto, lo que quisiera nuestro libro es demostrar que en el mundo de la gestión, en un sentido amplio y al igual que en la vida, es posible y necesario cohesionar, integrar, escuchar, avanzar, mejorar, pensar, dudar y matizar. Y si tuviera que sintetizarlo en una palabra, pues sería eso: buscar la serenidad. Pero no la serenidad desde la ausencia de los deseos, sino la serenidad desde la integración de los deseos. De los deseos más legítimos, más inteligentes, más profundos.

Alfons

Es curioso porque, hace unos minutos, cuando oía al *Chairman* del NAS-DAQ hablando sobre lo que un líder debe hacer y la que debe ser su característica fundamental, ha dicho muy claramente que ésta es saber delegar. O sea, que la función principal de un *CEO* es, precisamente, formar un equipo y saber delegar. Y esto liga con algo que también he leído recientemente sobre que, en estos momentos, en nuestra economía actual, donde lo intangible está siendo cada vez más importante que lo tangible y donde uno tiene más control sobre su puesto de trabajo porque es el dueño del factor de producción clave, su mente, la gente deja los trabajos por culpa de tener que «aguantar» a un mal directivo. O sea, la principal razón por la que mucha gente deja un trabajo es porque ve a la Dirección como incompetente, que no sabe dónde va y que no sabe aprovechar el talento de los colaboradores. ¿Cómo veis esto?

Ventura

Me hace pensar un poco en el artículo de Tim Sanders *«Love is the killer application».* Si en la empresa no hay un entorno positivo en el cual ac-

tuar y ejercer nuestras capacidades, seremos procli-
ves a buscarlo en otra parte, debido, precisamente, a
la capacidad de reacción que nos da «llevar puesto»
permanentemente nuestro patrimonio profesional
esencial, el elemento que nos diferencia y nos puede
hacer valiosos: nuestra mente y nuestra experiencia.
Y puesto que nuestra forma de ser y actuar es realmente intransferible, si en el entorno empresarial en
el que estemos, el amor, el amor por el trabajo, en
un sentido, digamos, más de entrega y pasión profesionales, no funciona, entonces ciertamente estará
faltando algo muy importante.

Alfons

Cuando miro hacia atrás, en mi propia historia, y me
planteo por qué he dejado determinados trabajos,
siempre ha sido porque consideraba que había alguien que no entendía las posibilidades que yo creía
poder aportar. Ya sé que puede sonar poco humilde,
pero no se trata de eso. Para mí, lo importante es
sentir que puedo contribuir y que, también, puedo
tener un lógico desarrollo personal. No ha sido tanto una cuestión de dinero como una cuestión de no
estar en el lugar que supiera o pudiera aprovechar al
máximo mi capacidad, y que no me aportara nada
en cuanto a crecimiento personal. ¿Coincides, Jordi?

Jordi

Sí, efectivamente. Y pienso que –recordando el libro
de Theodore Zeldin sobre las conversaciones– ahora,
las empresas y las personas y las relaciones humanas
y las relaciones de trabajo y toda relación, son, más
que nunca, una conversación. Porque uno, además,
ya no quiere «sólo» hablar, salvo que sea un individuo
que no escuche, sino que uno busca la resonancia en
las otras personas. Creo que en nuestro mundo, tan
polarizado, todos estamos buscando una cierta complicidad. Las personas conscientes buscan en su in-
terlocutor, en su espacio conceptual, en su espacio
profesional y en su espacio afectivo un punto de reso-

nancia que permita, mucho más allá de la función cognitiva del lengua-
je, más allá del «yo te hablo-tú me escuchas», o «tú me hablas-yo te escu-
cho», una longitud de onda que le dé intensidad, calidad y profundidad
a la vida. Además, hay un fenómeno muy de la segunda mitad del siglo
XX, muy interesante, que es el fenómeno del individualismo. El fenómeno de «cada ser quiere ser percibido, aprehendido, comprendido,
desarrollado, reconocido como globalidad y tomado muy en serio». Y
en ese contexto, no es posible, creo, establecer ninguna relación laboral
y de trabajo basada en el temor, basada en la ausencia de respeto. Es decir, las organizaciones exigen de las personas que las dirigen un grado
de reconocimiento del otro, un grado de inteligencia emocional, ese
término tan manido pero tan válido; un grado de inteligencia percepti-
va, un grado de asertividad que reconozca, que busque y que desarrolle,
que permita la creatividad máxima del otro, la creatividad profesional,
es decir: efectividad, asertividad, complicidad y resonancia.

Ventura

El tema de la conversación es de una gran fuerza, tiene mucho potencial, porque en suma, es la forma más inmediata y directa de establecer
relación con los demás. Y, finalmente, lo que todos buscamos es, precisamente, cómo mejorar la comunicación entre nosotros, para conseguir alcanzar aquello que cada uno se ha propuesto. Desde el amor
hasta los negocios, todo pasa por explicarse uno mismo e interpretar a
los demás, en su sentido más amplio. Por eso, cuando Alfons comenta
como ejemplo la idea de que gestionar es delegar, quizá quepa interpretar la delegación como una cesión, fruto de una «conversación» pre-
via entre dos personas, que clarifique lo que cada una espera de la situación y cómo puede contribuir en ella. Quiero decir, naturalmente,
conversación en el sentido de comunicación, a lo largo de un cierto
tiempo... Una conversación es siempre en dos sentidos; quizá delegar
formaría parte, entonces, de una visión más amplia de lo que es el *management,* que podría ser interpretado como una conversación permanente con los demás, sean colaboradores, clientes, proveedores, instituciones, colectivos o la sociedad entera. Sin ánimo de simplificar, sino
todo lo contrario, podríamos llegar a estipular que para ser un buen
manager hay que saber ser buen conversador...

Jordi

Sí. Por eso es imprescindible fomentar mucho más una gestión conver-
sadora...

Ventura

¡Ojo; no una gestión más *conservadora*!, ¿eh?

Jordi

¡Sí! ¡Ja, ja, ja!

Alfons

Y además, es necesario plantear conversaciones atrevidas. Es decir, que se desarrolle un entorno abierto donde se pueda conversar de manera fácil, de forma que se promueva la innovación. Yo también tengo la impresión de haber conocido organizaciones donde hay un elocuente discurso sobre la innovación que luego no se corresponde con la realidad de la propia organización. Es decir, tienes que permitir conversaciones atrevidas, para poner en cuestión cosas que hace muchos años que funcionan, porque sólo de ese atrevimiento, diría incluso, de esa libertad que representa poner en cuestión lo establecido, puede salir una organización renovada. En ese estado de cosas, un directivo que sea capaz de conseguirlo tiene muchas más posibilidades que uno que esté, digamos, puesto en su pedestal. Aquí la pregunta sería si vemos que el directivo de nuestras latitudes se caracteriza por aceptar una conversación diferente o no.

Ventura

No sé si las latitudes tendrán mucho que ver en esta cuestión, porque probablemente lo que estamos tratando sea universal, ¿no? Estoy seguro de que este tipo de cuestiones son muy básicas, muy «de raíz» y que están presentes o ausentes en todas partes, esparcidas por todos los sistemas, sean empresas o cualquier otro tipo de colectivo organizado de seres humanos.

Alfons

Yo pienso que las latitudes sí tienen algo que ver.

Ventura

Sí, claro que las latitudes influyen; cada etnia, tribu o clan tiene rasgos diferenciales, pero el tema probablemente tenga más que ver con las personalidades que con la ubicación geográfica ¿no? Hay gente que, con independencia de dónde esté, entiende que para cambiar, en algún momento hay que dar paso a esas opciones distintas, divergentes incluso. Y algunos lo aprenden no necesariamente de forma intuitiva sino por un proceso de aprendizaje, tal vez más doloroso, pero, al fin, igualmente convincente. Dónde esto ocurra me parece más bien circunstancial.

Alfons

Sí, pero hay mucho de entorno en todo ello. Si no hay un entorno favorable a transformar y tú tienes que ser el único o el primero que transforma, te frenas ¿no? Es lo que actualmente se considera la principal diferencia entre Europa y Estados Unidos. En Estados Unidos, el transformador, el innovador, es un héroe; en Europa es un loco.

Jordi

Un loco o acaso un irreverente...

Alfons

Es la metáfora del castillo feudal en Europa: «conserva tu territorio»; mientras que en Estados Unidos, la metáfora es el espíritu del Far West: «sal a buscar nuevas tierras».

Jordi

Yo creo que en el entorno latino en el que nos movemos, que es un entorno muy individualista, la necesidad de escuchar a gente mayor que invite a reflexionar a las personas en posiciones ejecutivas de primera línea, va a ser de una introducción lenta. Y, como apuntaba Ventura, probablemente no se hará desde el convencimiento en todos los casos, sino desde la necesidad. Es decir, en algunas empresas, cuyo tamaño ha aumentado y, con él, ha crecido su complejidad de una manera exponencial, creo que habrá la necesidad de sentirse acompañados por un piloto con más horas de vuelo. Sentirse acompañados por gente cuya voz nos pueda ayudar en momentos de vuelo complicados. ¿Por qué? En muchos casos la gestión desde el punto de vista técnico, siempre es clara: tienes un equipo de técnicos que te dan soluciones técnicas. Lo que pasa es que al aumentar el tamaño, al aumentar la complejidad, las expectativas y las individualidades del colectivo humano que diriges, aparece una necesidad, probablemente nueva, o simplemente más manifiesta, y posiblemente más numerosa, que hace que la persona que dirige necesite más que nunca, una distancia, un horizonte, una capacidad de no reaccionar con el gatillo rápido, una capacidad de poner en un marco de referencia la respuesta, la actuación y una necesidad de respetar al equipo humano y respetar al cliente. Y el respeto no sale de un objetivo técnico o de unas aplicaciones técnicas. El respeto nace de ver un horizonte temporal distinto al meramente inmediato, al meramente tecnológico, al meramente instrumental. Entonces este cambio, a medida que se vaya produciendo, será por la necesidad de un grupo de personas de ser permeables a estilos, que acabarán demostrando su acierto en esas organizaciones más abiertas, más receptivas, más cajas de resonancia. Es decir, creo que ninguna organización tendrá éxito basada sólo en la tecnología o sólo en la disciplina. Ese modelo se ha terminado, fue posible al final de la segunda guerra mundial, pero no ahora.

Ventura
Fue posible y, probablemente, necesario o inevitable en aquel contexto social.

Alfons
Sí. Y aquí se podría decir lo que decía el escritor alemán Friedrich Hölderlin. No recuerdo la frase textualmente, pero era algo así como: «de la pura inteligencia no sale ninguna filosofía, porque filosofía es más que un limitado conocimiento de lo existente». Es decir, que la tecnología, como filosofía, no nos va a permitir mucho si no hay esos elementos más humanos detrás.

Jordi
Esos elementos tildados de *soft* y que resulta que son esenciales, cada vez más. Hölderlin tenía otra frase que me gusta mucho, donde dice: «...desde que somos un diálogo...» Fijaos que Hölderlin, ya en el siglo XVIII, planteaba algo que me parece extraordinariamente actual. En esa misma línea, una vez me relataron una conversación en la que un personaje había dicho algo y otro, discrepando, le aducía: «¡oiga, pero esta afirmación suya no es de orden lógico!» A lo

que el personaje respondía: «tiene usted razón, pero es de orden poéti-co, que es de una categoría superior»... Creo que, en muchas de nues-tras manifestaciones como ciudadanos, pero también como clientes, o como consumidores, o proveedores, muchísimas cosas sólo son posi-bles cuando tienen sentido. Me explicaré. En uno de los sectores que mejor conozco, que es el sector editorial, no son ni los recursos financie-ros, ni el tamaño, ni la tecnología, lo que garantiza el éxito, sino el sen-tido. Es decir, en la industria de los contenidos, acostumbra a tener éxi-to aquella construcción empresarial que ofrece una coherencia, una fisonomía y un grado de comprensibilidad para el usuario, para el cliente; para el lector o el receptor final del contenido que creas.

Ventura

Bueno, pero eso es perfectamente aplicable a cualquier industria, por-que estás hablando del sentido como *sentido común* empresarial.

Jordi

No, no solamente. Sentido en el sentido, valga la redundancia, de algo que es coherente, que es asertivo, que da significado....

Alfons

Que *tiene* sentido...

Jordi

Efectivamente, que tiene sentido. Es decir, creo que la palabra «senti-do», aquí, va más allá de sólo ese orden lógico, pero en algo que es co-mún y necesario a todas las empresas. Por ejemplo, una empresa que base el contacto con sus clientes en una tecnología de reconocimiento de voz, que me atienda sólo por ordenador, será una empresa a la que yo le daré la espalda cuando pueda evitar tratar con ellos. Es decir, si no hay un monopolio por parte de esa empresa, yo me iré a otra. Sim-plemente prefiero que no se me trate mediante reconocimiento de voz, aunque pueda tener otras ventajas.

Ventura

Sí, entiendo lo que quieres decir. Tu reflexión, o decisión, no es nece-sariamente de orden lógico, como decías antes, pero sin embargo, igualmente relevante, porque, al final, será la que marcará la diferen-cia económica para esa empresa, según decidas o no mantener tu rela-ción de cliente con ella. Pero esas opciones de libertad de decisión ya están ahí en la mayoría de casos y, de hecho, las estamos ejerciendo continuamente,

Alfons

De todas formas, y a raíz de lo del «sentido común» que has comentado antes, quería introducir otro elemento que creo que comparten todos los que estudian a los grandes directivos de la historia. Ese elemento es la idea de resistencia. O sea, si lo que Ventura quería decir es que el sentido común de una empresa, su «sentido», está en el producto o el servicio que ofrece al mercado, en términos de valor, y que ese factor es lo que implica que la empresa acabará funcionando,... no estoy seguro de que siempre termine siendo así. Porque la experiencia también nos demuestra que el gran directivo, o mejor dicho, el gran empresario, es aquel que tiene resistencia; el concepto sajón de *«resilience»* que ahora se ha puesto de moda, porque el mercado no siempre te da la razón de entrada, a pesar de tener claro lo que el mercado necesita y estar cargado de sentido común. Te puede frustrar, puedes equivocarte, puedes hundirte, pero vuelves a levantarte, como el ave Fénix, ¿no? Mi impresión es que ésa es una de las características fundamentales del empresario, o del emprendedor, que es el que, independientemente de lo que le dice el mundo, de lo que puede decirle su propia razón, él o ella sigue adelante y lo hace porque le encuentra sentido, porque le da sentido a su propia vida.

Ventura

Sin duda. Precisamente, no hace demasiados días, hablaba con un amigo empresario sobre el factor perseverancia, un factor clave para poder avanzar en la empresa y en la vida en general, ¿no? La perseverancia, el tesón, todo aquello que hace que tú estés allí una vez, y otra vez y otra vez. Y realmente encontrábamos casos concretos, con nombres y apellidos, que son los que impactan más porque son reales, son «de verdad», donde la perseverancia se ha demostrado la clave para el éxito, junto con una idea germinal que tuviese valor. Son los casos que, por ser auténticos, más te impactan. Pero eso no está reñido con lo que decía antes del sentido común.

Alfons

Es cierto. Esa perseverancia es lo que hay detrás del concepto «misión», que aquí no nos gusta mucho porque nos parece cómico. Es decir, que hay empresarios que realmente consideran que tienen una misión, que el mundo tal vez necesita eso que ellos quieren proponer, y ponen toda su energía en tirarlo adelante ¿no? Y no hablo de la misión en el sentido mesiánico, sino en el sentido realmente de que ellos consideran que el mundo será mejor con ese producto o servicio. Y, en cambio, casi siempre tenemos una visión incorrecta del empresario como alguien que *sólo* busca hacer dinero. Yo creo que en la mayoría de ocasiones, empresario es aquel que cree que puede aportar algo en el ámbito económico para hacer el mundo un poco mejor, con independencia del factor retributivo. ¿Cómo lo veis?

Jordi

Sí, yo lo veo así. De hecho, esta idea de misión, de una causa, de un deseo, de una aspiración, me parece fundamental. Y precisamente por eso ¿hasta qué punto las empresas se dan cuenta de que necesitan a gente mayor? ¿Hasta qué punto los directivos de primer nivel, desde, digamos los 35 a los 50 años, pueden beneficiarse de la opinión y consejo, visión y apoyo de gente mayor que ellos mismos, digamos mayores de 60 años, incluso de 70, que ya no estén necesariamente en posiciones ejecutivas, para que les trasmitan herramientas de pensamiento? ¿Cómo creéis que encaja esto?

Alfons

Lo he pensado ya otras veces; no lo improviso ahora. En distintas ocasiones he pensado que me gustaría disponer del equivalente a un consejo de ancianos en mi empresa. Y, de hecho, un poco lo tengo, porque en el consejo de administración de Infonomía.com hay alguna persona que está en atención a la categoría de la experiencia que tiene, más que como accionista. Pero siempre he puesto una condición a eso y era la idea de que fuera alguien que hubiera pasado por pasos parecidos a los nuestros. Es decir, un empresario que hubiera tenido que partir de cero, en un entorno no favorable, con un producto del que tenía que crear un mercado, más que un empresario en un sector maduro. O sea, a mí me puede ayudar mucho más un emprendedor que haya tenido un producto muy complejo y novedoso que un empresario que haya estado en un sector más «aposentado», más maduro, con otro tipo de complejidad. Ningún sector es fácil y casi todos los principios son complicados, pero a veces, cuando por ejemplo, alguien me da consejo y me da consejo desde una empresa que factura cien o mil millones de euros, el consejo no me sirve de mucho, porque mi circunstancia es totalmente distinta. Por eso la matización es alguien que haya pasado por las dificultades del tipo: «¿voy a pagar los sueldos este mes o no?» más que del tipo: «tengo un problema de composición de balance a largo plazo».

Ventura

De todas maneras, siguiendo tu criterio, si te interpreto bien, esto siempre sería bajo una perspectiva de hombre mayor y a un tiempo empresario, ¿no?

Alfons

Sí, sí.

Ventura

Yo creo que cabría otra posibilidad, que es prescindir de la faceta de empresario. O sea; prefiero pensar en una persona mayor en el sentido de una persona que, con independencia de su actividad profesional, lleva ya un montón de años avanzando en este periplo de la vida. Estoy pensando en una figura como un mentor, alguien que te ayude y te supervise en general, alejándote del día a día, y que te ayude a ver más allá, con una visión muy amplia, de largo alcance. Visto así, a mí me puede ser igualmente válido un empresario que un científico, un abogado o un artista; gente que haya profundizado en la vida aprovechando a fondo el hecho de haber vivido 70, 75 años, con una experiencia vital intensa, personal pero transferible y que me pueda transmitir determinadas reflexiones y principios e introduzca dudas y matices en mis pensamientos, para evitar que solidifiquen demasiado pronto o sean unidimensionales. Desde luego, pueden haber sido también empresarios, pero esa no sería la condición sine qua non.

Alfons

Sí, en el aspecto vital, yo estoy de acuerdo contigo. Es decir, determinar lo que es importante de la vida. Cualquier persona que haya vivido más y haya quemado las naves varias veces, te puede recordar que, por ejemplo, al final, tus hijos, o tus verdaderos amigos, son lo más importante; alguien que haya vivido circunstancias de todo tipo en la vida. Pero cuando nos circunscribimos un poco a lo que es la práctica de la dirección, a la práctica de la creación de una empresa, yo creo que hay consejos concretos que tienen que proceder de alguien que lo haya vivido. Por decirte algo: alguien que ha perdido un hijo puede realmente aconsejarte si has perdido un hijo. Es decir, son circunstancias vitalmente demasiado intensas como para que alguien que no lo haya pasado pueda decir algo con verdadero sentido, con profundidad, ¿no? Pero otra cosa es el timón diario de la empresa. Por ejemplo, un consejo muy interesante que me ha dado un empresario de éxito que ya pasó hace tiempo por las etapas por las que yo todavía estoy –en el intermedio de un proyecto, que parece ser el peor momento– dice: «no te preocupes por el dinero». Es un consejo muy concreto que, de hecho, me han dado varias veces. Claro, cuando tú estas realmente obsesionado por el día a día, ¿cómo no voy a preocuparme por el dinero si mis colaboradores lógicamente quieren que les pague cada mes y hasta ahora no les he fallado nunca? Entonces, es algo que es difícil de entender, aunque tal vez yo acabaré diciendo lo mismo al cabo de los años. ¿De acuerdo?

Jordi

Sí, cuando ya tengas el dinero...; Ja, ja ,ja!

Alfons

¡Seguramente! Yo creo que los consejos son muy interesantes cuando provienen de gente que tiene algo que decir. Pero es un poco como la ciencia. Es decir, necesitas que te lo demuestren; necesitas tener credibilidad en la fuente para que efectivamente eso lo puedas aplicar. Es decir, yo creo que no todo consejo es bueno por el hecho de provenir de la experiencia, sino que tiene que tener ese filtro de credibilidad, y que no necesariamente quiere decir haber tenido éxito, sino haber reflexionado sobre lo que te ha ocurrido y simplemente...

Ventura

Haber vivido...

Alfons

...Haber vivido y *haber sido consciente de lo que has vivido* en lugar de simplemente, digamos, expulsar lo que tienes en la memoria, ¿no?

Jordi

Estamos de acuerdo. Por las características de la sociedad, de nuestro tiempo, de nuestra economía, de nuestra educación y de nuestra formación, aumenta la necesidad de que haya una resonancia mutua en el mundo de la empresa y de la gestión de las personas como equipos humanos, ricos en matices y en potencial de aportación.

Ventura

Eso equivale tanto a haber vivido sensaciones comunes, como a haber compartido vivencias distintas...

Alfons

Sí. Y tal vez, más que eso. Volviendo a la resonancia, yo te diría que mi impresión en estos momentos es que uno tiene que trabajar para clientes con los que tenga resonancia. O sea, hoy no tiene sentido trabajar para clientes que no entiendan lo que estás haciendo, porque desde este punto de vista, sería una falacia. Podrías estar facturando, pero la relación que te interesa, que es una relación a largo plazo donde puedas potenciarte mutuamente, sólo se produce con clientes con los que te entiendes, con los que hay química, y eso es algo que las empresas de nuevo cuño están entendiendo mejor que las empresas tradicionales, que tienen más dificultades para asumirlo. Es un poco lo que decía Ventura el otro día, relacionado con la mezcla del ocio y el negocio; intentando que no se produzca aquello de «tengo una relación contigo porque soy profesional, llevo corbata y estoy haciendo una determinada transacción». Yo creo que estas actitudes se están acabando y viene más una sintonía entre proveedor y cliente consecuencia de «nos entendemos, sabemos de qué estamos hablando y por tanto podemos construir conjuntamente en una determinada dirección». Aplicando la metáfora que utiliza a veces Jordi, «remamos juntos». Con los clientes, o tienes resonancia o no la tienes... Fíjate que, un poco, es hacia donde apuntan muchas cuestiones. Por ejemplo, en publicidad, se expande con más fuerza cada día una comunicación donde predominan valores y actitudes, donde, en según qué productos o servicios, tú compras esa marca sobre todo porque tienes resonancia con algo que representa.

Jordi

Sí, absolutamente. Por ejemplo, yo nunca me compraré un jersey... Es decir, soy «anti...» porque me desagrada mucho su publicidad.

Ventura

Bueno, de todas formas y, aunque sólo sea por introducir un elemento de discordia, por ejemplo, en mi actividad profesional, yo veo que aunque esta comunión de espíritu se produce con más facilidad con unos que con otros, no me importa trabajar con «los otros» también, y que, en esos casos, la relación funciona igualmente; la diferencia es que, en un plano personal, me limito a esperar menos de ella, a tener menos expectativas. Quiero decir que, yendo al terreno de lo práctico, de lo realmente práctico, no estoy seguro de que podamos permitirnos, al menos en todos los casos, ser muy selectivos. Ni siquiera estoy seguro de que pretenderlo sea profesional... Más bien quizá hay que tener la capacidad de decir: «con este cliente, además de una relación profesional vamos a poder desarrollar un vínculo personal del que disfrutaremos ambos, mientras que con aquel, tendremos únicamente una relación profesional, que será eficaz para ambos...». No creo que sea intrínsecamente malo, aunque estoy de acuerdo en que es preferible una mayor vinculación afectiva en cualquier proyecto, siempre que eso no se inmiscuya en la necesaria objetividad con la que hay que trabajar.

Alfons

Sí, claro. Y es justo ahí donde hay que tomar una decisión personal. O sea, es una decisión que está vinculada con la voluntad de crecer o no. Si tú quieres crecer, posiblemente necesites incorporar a tu clientela gente de todo tipo; gente con la que seguramente no te entenderás en profundidad; gente que no siempre entenderá lo que le estás proponiendo.

Ventura

Supongo que te refieres a crecer económicamente, como empresa.

Alfons

Sí, crecer económicamente. Uno sabe que para crecer ha de aceptar ese reto, pero yo soy de la opinión de que tal vez sea preferible no crecer si quieres mantenerte en un posicionamiento profesional de cierta calidad. Eso es lo que me discute mucha gente, porque mucha gente me dice que crecer es inevitable. Yo creo que crecer es, esencialmente, una decisión. Y que puede llegar un momento en el que realmente, si tú consideras que tu empresa ha de ser permeable, que los clientes formen parte de ella intensamente, puedes decir: «mira, trabajo con estos diez y sólo con estos diez; nuestra empresa trabaja con gente que está absolutamente sintonizada con lo que decimos y, oye, no crecemos porque no queremos crecer...». Eso te permite ser muy fiel a un planteamiento, lo que decíamos antes del sentido.

Jordi

En cualquier caso, es algo muy particular, muy personal, sobre nuestra forma de entender una empresa. Pero extendiéndolo en general, yo creo que hay que evaluar el mito del crecer por crecer y la posible conveniencia de romperlo. Hablo del mito de que una empresa sólo está para generar beneficios, cuantos más mejor, y que eso pasa, inexorablemente, por crecer. Yo creo que esta filosofía entra en crisis en el momento en que el capital de una empresa es, sobre todo y de verdad, su gente.

Alfons

Conozco a un directivo importante que, cuando nos vemos, me dice: «Mira, ya somos ciento cincuenta. Empezamos tres o cuatro y ya somos ciento cincuenta y facturamos veinte millones de euros...» Y me dice: «Y cada mañana, cuando me levanto, me pregunto: ¿qué he hecho mal? ¿Por qué he pasado de hacer algo en lo que creía y donde me lo pasaba bien, a controlar algo que para mí es un monstruo y que me obliga a gestionar...?» Yo creo que hay más casos como éste de los que pensamos, en los que se renuncia a lo que se quiere hacer de verdad, por «ser más grandes», por ganar más dinero. Que esto le ocurra a un empresario al cabo de un tiempo es algo lamentable, porque en el fondo es como el Principio de Peter: acabas haciendo algo para lo que seguramente eres incompetente.

Ventura

Pero ¿por qué es una renuncia? Es interesante cuando esta persona dice: «...es un monstruo que me obliga a gestionar...», como desasociando la gestión de toda posibilidad de placer o desarrollo personal. Está claro que la gestión tiene momentos nefastos; todos la hemos ejercido y sabemos que tiene muchas facetas absolutamente desagradables. Pero la gestión también te aporta magníficas experiencias, muchos conocimientos y sentimientos muy intensos y positivos en la relación que estableces con algunas personas.

Alfons

Lo que ocurre es que, en muchas ocasiones, una empresa nace por el impulso y la pasión de un emprendedor, que quiere hacer algo que no es, precisamente, gestionar. O sea, tiene una idea para un producto o un servicio, algo que en el fondo siempre implica modificar el mundo de alguna forma. Y es lamentable que esa persona, que no lo ha hecho por gestionar, acabe convirtiéndose en alguien que tiene que gestionar. En muchas ocasiones, por la simple presión de ser el fundador o porque tiene la mayoría de acciones. Claro que aquí es donde entra la idea básica del directivo profesional como un elemento fundamental para el empresario, para que el empresario se dedique realmente a lo que él ha querido hacer, mientras el directivo lleva la organización, la gestión.

Ventura

Estoy de acuerdo y, además, considero que es la base de cómo funciona el sistema en general. Quiero decir que esa «especialización» ya existe, obviamente. Lo que sucede es que esta separación entre el espíritu fundacional y la gestión posterior puede entrañar el riesgo de perder el sentido inicial, como decía Jordi.

Jordi

Y, además, probablemente en la línea que plantea el libro de Thomas S. Kuhn *La Estructura de las Revoluciones Científicas*. Por eso, creo que tendríamos que preguntarnos y convenir si estamos de acuerdo o no en que ha habido un cambio de paradigma muy importante en las organizaciones y en las personas. Entre otras cosas porque hoy estamos ante el fin del ciclo de vida de todo un sistema, ¿no?

Ventura

Desde luego, creo que hay un cambio de paradigma. De hecho, incluso citamos la obra de Kuhn en el libro...

Alfons

Es un gran punto de partida.

Jordi

Este cambio de paradigma y de sistema ha de reflejarse en las personas que dirigen las organizaciones y en quienes trabajan en ellas. Yo creo que no es sólo una casualidad, una afortunada coincidencia, que estemos tres personas conversando de esto y que cada uno de nosotros tenga tres o cuatro amigos que también estén en esta línea y así sucesivamente. Se trata de un cambio real de paradigma; hay unas nuevas necesidades que en 1945 no existían, y que tampoco existían en 1955, en 1965, 1975 o incluso en 1985. No existían como tales, y a las que, sin embargo, hay que dar respuesta ahora, desde un nuevo tipo de actitud, de filosofía, de principio. Por eso, una de las claves, y una de nuestras inquietudes en el libro, es hablar del sentido de todo ello; utilizando la palabra «sentido» o la palabra «valores». Es decir, hablar de una serie de cuestiones que afloran y hablar de por qué son nuevas, ¿no?

Alfons

De todas maneras, parecería que nosotros tres estemos de acuerdo, confabulados, y que no hubiera ningún elemento de discordia. Pero, es que en realidad, ésta es una reflexión que he observado en muchas otras personas, que está más latente de lo que creemos. Es decir, hay muchos directivos que piensan de esta forma, que necesitan hacerse la vida más fácil en la organización para que no sea una lucha constante. Lo que ocurre es que no existe el contexto donde ponerlo en práctica. Es decir, está claro que aunque un número importante de directivos también estarán de acuerdo con nuestra tesis, otra cosa será cómo hay que hacerlo, ¿cómo implementar el cambio? Porque la presión a corto plazo está muy presente y aquí actúa de forma radicalmente negativa. Es muy curioso que tengamos esta conversación en la misma semana en la que se empieza a anunciar, por parte de grandes multinacionales, una vuelta a los principios en cuanto a sus declaraciones estratégicas, ¿no? Por ejemplo, Coca Cola ha anunciado que ya no va a publicar previsiones a corto plazo. Y creo que Kodak también lo ha hecho. Eso es como volver un poco al modelo europeo. Es muy significativo, ya que podría hacer más por el cambio de actitud de muchos directivos que el propio afán de búsqueda del sentido del que estamos hablando. En el momento en que la empresa deja de tener una presión por dar resultados a corto plazo, porque los mercados ya no se lo exigen, o porque la empresa simplemente ya no está dispuesta a jugar a este juego, realmente uno puede darse tiempo para pensar hacia dónde tiene que ir la organización y se da cuenta de que ésta es, fundamentalmente, las personas que tiene y que hay que crear un entorno totalmente distinto. No sé si habréis tenido ocasión de leer el último libro de Scott Adams, *The way of the weasel*. Es fascinante ver cómo alguien que ha pasado tantos años en un cubículo, describe tan bien la cantidad de ineptitud e ineficiencia que hay en las organizaciones. Pero muchas veces no es causa suya sino es causa del modelo organizativo basado en el engaño mutuo entre todos, para la consecución de unos objetivos que acaban volviéndose en tu propia contra. Por eso creo que necesitamos mucha más humildad y necesitamos mucha más voluntad de descubrir dónde nos estamos equivocando. Y para eso hay que crear de nuevo el contexto donde la gente pueda expresar lo que realmente opina. Muchos directivos darían un mensaje muy distinto del que tienen que defender en estos momentos.

Ventura

Sí, pero también hay que dejar de ampararse en «la empresa», como una entidad que está por encima de uno y que en muchas ocasiones se utiliza como justificación, desentendiéndose de las consecuencias de determinadas actuaciones y achacándole la responsabilidad de todo lo malo que ocurre en su seno. Si las empresas son las personas que las componen, cada persona ha de estar dispuesta a asumir su parte de responsabilidad, ¿no? Quiero decir, yo estoy de acuerdo en que hay que darle la vuelta a esta historia porque sino, al final, dices: «bueno, pero a ver, ¿la empresa somos nosotros? o ¿nosotros somos la empresa?», que no son dos cosas iguales... En algún momento, todo directivo con una orientación moral o humanista ha de dejar de cobijarse bajo el paraguas justificador del estilo vigente en la empresa si éste no responde a los esquemas éticos del directivo.

Alfons

Efectivamente. Por eso pienso en ese discurso del negocio como negación del ocio, o casi como negación de lo humano; esa frase que dice que el negocio es justamente lo contrario de pasárselo bien. Creo que eso es lo que la nueva economía puso realmente en duda, y que es algo que ha quedado, que sigue ahí... Estamos en un momento donde parece que hay que volver a ponerse la corbata y todo eso, pero hay una tendencia de más largo ciclo en la que lo que ha cambiado es la respuesta a preguntas como: «¿por qué y para qué trabajo yo realmente?» Pensando en el libro de Richard Florida, *The rise of the creating class,* dice que si uno analiza dónde está buscando la gente su residencia en Estados Unidos, puede comprobar que se está instalando en ciudades con *sentido*. Es decir, en ciudades que tienen una actitud humanista y cultural; ciudades con algo «más» que ofrecer a sus habitantes.

Jordi

¿Recuerdas alguna que cite?

Alfons

Por ejemplo Seattle, Austin en Texas, o San Francisco. Ciudades que no son los grandes centros financieros, sino ciudades que han sabido *ser ciudad*. Supongo que todos coincidiremos en que San Francisco es una ciudad en la que a cualquiera de nosotros le gustaría vivir, ¿eh?, porque tiene música, tiene cultura... El alcalde de Seattle, la sede de Microsoft, declaraba hace poco que el área donde van a invertir más es en cultura, porque es lo que va a garantizar que a la clase creativa de Estados Unidos le pueda atraer vivir en Seattle. La idea es que allí no sólo se viva bien, coger la bicicleta y dar una vuelta por la montaña, sino que estén los mejores conciertos, teatros, simposiums, las mejores exposiciones de arte; y, por tanto, tenga *sentido*. Yo creo que eso es lo que ha quedado de la nueva economía: la idea de que tu decisión de dónde quieres trabajar y vivir ha de estar de acuerdo con circunstancias que van más allá de un puro sueldo.

Ventura

...dónde quieres vivir y cómo quieres trabajar... Fijaos que, antes, intentábamos expresar con una sola palabra lo que la experiencia puede significar al transmitirse de un directivo «veterano» a un directivo con menor experiencia, y han salido las palabras «vivir» y «serenidad». Probablemente ambas estén implícitas en la elección de cómo quiere uno trabajar y dónde quiere uno residir, ¿no?

Alfons

Sí. Ya no es una cuestión de dinero, y tampoco es una moda, como el *downgrading*. Es casi una cuestión de supervivencia.

Ventura

De supervivencia intelectual y emocional...

Alfons

Intelectual y emocional, desde luego. Además, está muy ligado a la idea de que en la actualidad, cada vez el trabajo requiere más creatividad. Me refiero a la creatividad en el sentido de la capacidad de aportar, de contribuir. Pero claro, uno no decide cuándo es creativo, sino que lo decide tu cuerpo. Es decir; yo antes, en una economía industrial, podía entrar a las ocho y salir a las cinco y podía entregar un *output* muy medible. Pero ahora, soy, por ejemplo, diseñador de *software* y hoy tengo dolor de cabeza o no he dormido bien y, como consecuencia, hoy no hago una línea de programación que sea productiva. Sin embargo, mañana por la noche me coge la vena y estoy toda la noche programando. O sea, eso implica que tú no siempre decides cuándo produces, sino que hay circunstancias externas, sobre todo en campos relacionados de una forma u otra con la creatividad, que se imponen sobre tu productividad. Y, claro, el problema adquiere dimensiones sociales cuando cada vez hay más gente que contribuye a la economía con esa creatividad.

Jordi

Ésa es una ruptura brutal con la forma de concebir una empresa hasta hoy y replantea en profundidad la forma de actuar de los directivos.

Alfons

Yo creo que en muchas ocasiones, no se tiene ni idea de lo que realmente motiva a alguien, en estos momentos, a estar trabajando. Recuerdo, en uno de mis últimos trabajos, que cuando dije que me quería ir, se me comentó: «supongo que lo haces para ganar más dinero». Claro, yo me quedé mirando a esa persona y pensé «no ha entendido nada; me voy para poder desarrollar mi creatividad, porque aquí no me dejan, y eso es vital para mí en estos momentos».

Ventura

Es cierto que hay una migración de valores hacia otros ámbitos, en una buena parte de la población profesional occidental, aunque pienso que sigue habiendo un tema de masa crítica. Quiero decir que estoy de acuerdo en que hay una filosofía distinta frente a la vida, al trabajo, etcétera. Cada vez hay más gente que trabaja así; que efectivamente no puede estar anquilosada, digamos, en una reglas de juego rígidas y cuadriculadas. Pero sigue habiendo una gran masa de personas que tienen otro tipo de trabajo, donde la aportación personal y la parte creativa son muy limitadas, por no decir nulas y que deben regirse por unos parámetros que puedan medirse, comprobarse y entenderse, no sólo por parte del individuo sino por parte de la organización para la que trabaja. En consecuencia, es obvio que todo este discurso, nuestra reflexión, no puede ir dirigido a estas personas que, hoy por hoy, son la mayoría, nos guste o no; estamos dirigiéndonos a otro tipo de personas... Digamos que la primacía de lo intelectual o creativo en el trabajo sigue siendo un juego de minorías. No digo que esto sea en sí mismo lo conveniente o no en el sistema económico tal y como funciona hoy; ése es otro discurso. Cada trabajo aporta un determinado valor, pero estas reflexiones sólo son aplicables, obviamente, a una parte de la población.

Alfons

Sí, estoy de acuerdo, pero depende de dónde lo mires. Volviendo al estudio realizado por Richard Florida sobre la aparición de la clase creativa en Estados Unidos, es muy concluyente. Afirma que 38 millones de norteamericanos ya están en esa clase creativa y eso es un 30 por ciento de la población trabajadora norteamericana. En Europa tal vez estemos en otra cifra y, más concretamente en España, ése sea un discurso muy de futuro, pero en otros lugares ya es una realidad. Y no sólo en Estados Unidos...

Jordi

¿Finlandia; Suecia?

Alfons

Finlandia, Holanda, Singapur,...; es un discurso absolutamente actual. Es un discurso donde las formas de dirigir tienen que cambiar, porque más y más personas viven de su creatividad. Y no te estoy diciendo creatividad en el sentido de un artista o de un diseñador de ropa, sino también de un médico, de un consultor, de un ingeniero de redes o un programador, para quienes sus decisiones profesionales se basan en diagnósticos y criterios que han de ser flexibles, modificables, según cada caso que abordan ¿no? De todos modos, no entendamos que, extrapolando lo que he dicho antes, ya no han de existir horarios ni mecanismos de comprobación de la eficacia o de la productividad en estas profesiones, sino que, en realidad, uno ha de tener las condiciones para poder trabajar bien y poder ejercer «su» tipo de creatividad; poder ser creativo. O sea, un médico que esté sometido a un trabajo de era industrial, con muchas horas y con mucha presión, acabará funcionando mal, porque su trabajo no puede regirse bajo ese tipo de parámetros exclusivamente. Y eso repercute en la calidad del servicio dado. La sociedad que entienda que hay unas nuevas características en el trabajo de ese colectivo «creativo», y que sepa crear las condiciones sociales, económicas y estructurales para que ese trabajo se pueda llevar a cabo de forma óptima, será una sociedad que avanzará. Y eso está clarísimamente ligado a la competitividad nacional o a la productividad. Lo que ocurre es que, en el discurso, digamos, de corto plazo, los directivos siguen pensando que tienen operarios. El problema es que muchos directivos siguen interpretando a mucha gente como operarios, como *working class*, cuando ya no son *working class*.

Ventura

Pero para enfocar de forma distinta la relación con sus colaboradores, los directivos también necesitan otras condiciones; necesitan que su entorno inmediato en la empresa cambie. Es importante mantener en todo momento una visión realista de este punto. Si su entorno empresarial no se modifica o se flexibiliza, el directivo no va a poder desarrollar plenamente una nueva actitud, ya que la organización en la que esté inmerso no se lo aceptará. El directivo es muy sensible a lo que la cultura de su empresa deja o no deja hacer, tiene que serlo, y el reto puede consistir no sólo en jugar a cambiarla progresivamente sino en saber «darle la vuelta» para que su gente esté bien sin que ello implique un choque frontal con determinados «vicios» de la cultura corporativa. Se trata de trabajar con lo que se tiene y no de quejarse de lo que no se tiene, aunque se trabaje para cambiarlo... En cualquier caso, lo que sí puedo comprobar cada vez con más frecuencia en mi trabajo es que entre los directivos se están viviendo estos cambios y, además, se están sintiendo profundamente, de forma muy «personal». Se está dando un giro positivo y en muchas ocasiones lo que se pide es: «construyamos juntos el puente que puedo utilizar para acceder a la gente de manera distinta a como lo hacía en el pasado». Es decir, hay una conciencia de que algo ha de cambiar porque el directivo se enfrenta a la constatación: «la gente que trabaja conmigo ahora ya no tiene el perfil de antes; eso lo percibo claramente, pero no sé bien cómo afrontar este hecho».

Jordi

Éste es un punto clave y no tiene una solución simple.

Ventura

Claro, porque una cosa es que se haya generado una inquietud real entre la clase directiva como grupo y otra cuestión es encontrar, individualmente, los medios para satisfacer esa inquietud...

Alfons

Yo creo que esto es un nudo. Es decir: ¿creemos realmente que vamos hacia un mundo mejor? En el fondo es una cuestión de cultura. El directivo que tenemos, ¿es un directivo que mira al futuro con optimismo, con ganas, con «garra»? ¿O mira al futuro desde la experiencia acumulada anteriormente, sin revisiones críticas ni apertura a nuevas fuentes de inspiración? Ése es justamente un punto muy interesante del discurso de vuestro libro, en cuanto que estamos pidiendo el apoyo y la experiencia de los ancianos de la tribu, pero al mismo tiempo, hemos de saber combinarlo sabiamente con unas condiciones totalmente distintas, con un futuro tremendamente acelerado.

Ventura

Sí, pero hay algo que permanece, algo que apenas cambia, algo muy..., llamémosle «básico». Supongamos una manzana: las circunstancias, lo que cambia, equivaldría solamente a la piel. El resto de la manzana sería lo que permanece, lo que tiene relación directa con el ser humano, con su conducta básica, aquello que es casi inmutable, porque al final estamos hablando del alma humana, de la condición humana. Estamos hablando de aspiraciones, miedos, temores, inquietudes, deseos; todo eso sigue siendo como hace 3.000 años. No hay comparación entre la superficialidad de la piel de la manzana en relación con la totalidad del fruto; centrémonos en entender lo verdaderamente importante, lo que va al fondo de lo que hacemos y por qué lo hacemos. Pienso que las circunstancias no deben ignorarse, pero los problemas de base se solventarán sólo si le pegamos un mordisco allí donde hay materia abundante para morder...

Alfons

Pero es que hay elementos fundamentales que cambian. Por ejemplo, es totalmente distinta la economía actual a la que hubo en los años 50, 60, 70, en la que la oferta era inferior a la demanda. Ahora la oferta supera con mucho a la demanda.

Ventura

Es verdad, con mucho. Pero esas circunstancias, incluso integradas en el análisis que uno pueda hacer, no varían la necesidad de centrarse en la persona, en cómo piensa y por qué actúa de un modo o de otro.

Jordi

Bueno, pero es otro número de personas...

Ventura

Sigue siendo la manzana...

Alfons

Sí, pero es que la manzana ya no es una manzana, es un kiwi.

Ventura

¡Eh, eso es retórica pura! ¡Ja, ja, ja!

Alfons

Es que ha cambiado la propia esencia de muchas cosas. Es decir, tú vas hoy a una papelería a comprar un rotulador y tienes que estar un rato eligiendo cuál es el rotulador que te compras, para hacer qué, con qué papel, etcétera. Cuando nosotros íbamos al colegio, y de eso no hace tanto tiempo, te comprabas un bolígrafo Bic y un lápiz Staedtler y punto. Yo creo que algo tan simple como eso demuestra que tenemos un mundo mucho más complicado y eso hace que los elementos por los cuales la gente decide sean más sutiles, lo que, a su vez, se traduce en un tipo de dirección mucho más complicada, mucho más basada en elementos humanos, mucho más psicológica que antes. Claro que la experiencia, lo esencial de la vida sigue siendo lo mismo; lo que ocurre es que el escenario ha cambiado, la obra es otra.

Ventura

Oye, estamos diciendo lo mismo. En realidad nos estamos centrando en la misma cuestión y creo que, de hecho, no hay contradicción entre un planteamiento y otro.

Jordi

No sólo ha cambiado el escenario, sino también la predisposición de los actores porque la idea, o una de las ideas subyacentes al escuchar a los sabios de la tribu, es que si un directivo escucha a esos sabios, también aprenderá a escuchar a su gente, a sus empleados, a su equipo, a su organización. Es decir, aprender a escuchar es cada vez más necesario y, hoy por hoy, casi es revolucionario. Porque aunque las empresas tengan eslóganes muy bonitos sobre escuchar, no siempre escuchan. Aprender a escuchar implica generar una conversación. Se trata no sólo de escuchar a tus predecesores sino a tus coetáneos e, incluso, en cierto modo, intentar escuchar a los que serán tus sucesores. En cierto sentido, el objetivo de este cambio de paradigma sería generar personas más sensibles, más receptivas, más permeables, más dúctiles, más asertivas; tenerlas cerca y preparadas para navegar con el mínimo viento de cambio para llegar cuanto antes hacia objetivos deseados. La intención de nuestro libro, por el hecho de insistir en lo extraordinario que puede resultar escuchar a los sabios, es ayudar a llegar a ser mejores personas, mejores gestores. Personas que escuchen mejor, para ser mejores conectores y mejores facilitadores.

Alfons

Sí. Yo creo que la actitud de escuchar, de conversar, en estos momentos ya no es sólo un buen consejo, sino que es esencial para el funcionamiento competitivo de una organización. Se necesita una actitud abierta porque tienes que combinar muchos elementos dispersos en el entorno para generar nuevas propuestas, para combinar cosas aparentemente muy distantes... Además, desde el punto de vista de la gestión de las personas, hay tres elementos que han cambiado radicalmente. Uno es que mucha gente prefiere moverse lateralmente en lugar de verticalmente si en ello ven más posibilidades de desarrollo personal. Es decir, ya no sienten esa presión por subir como sea, en la carrera profesional, desplazando el punto de vista de «yo quiero ser director general», al punto de vista de «yo quiero ser muy bueno en mi profesión». Cada uno es más consciente de que el conocimiento, más que la posición, es su principal activo. El segundo es identificarse más con la profesión que con la empresa. O sea, «soy químico y trabajo satisfactoriamente en esta empresa, pero yo me siento antes químico que empleado de esta empresa». Por lo tanto, hoy se puede estar trabajando en una universidad y mañana trabajar en otra, porque la identificación más fuerte es con la profesión más que con el lugar de trabajo y se busca la colocación en la cual exista más potencial de desarrollo, con independencia de la «categoría» que pueda dar estar aquí o allá o el nivel de retribución, si no se dan grandes diferencias. Y tercero, es la importancia extraordinaria que se otorga a estar al día en formación, porque sabemos que nuestra empleabilidad depende en gran medida de eso. Si comparas todo esto con las circunstancias de los años 60 y 70, estamos ante enfoques y planteamientos personales y profesionales totalmente distintos.

Ventura

¿Sabes dónde te lleva esto? A confirmar que hay una concepción cada vez más holística de las cosas, lo cual es muy positivo. Me refiero al sentido de que hace 30 años uno podía decir: «ésta es mi vida privada y aquella es mi vida profesional; cada una ocupa un espacio distinto y están perfectamente diferenciadas». Hoy en día eso es simplemente imposible. No ya porque la presión empresarial exige una entrega casi completa de las personas que ejercen puestos clave –que son un número creciente– sino porque esas mismas personas establecen unos criterios de calidad para sus vidas que corren paralelos en lo privado y lo personal. Dicen: «mi vida está compuesta de ambas facetas y ni quiero ni puedo separarlas, de forma que buscaré algo que me satisfaga o me marcharé. Mi calidad de vida es algo que no estoy dispuesto a sacrificar permanentemente».

Jordi

Estoy de acuerdo. No puedes permitirte prescindir de ese nivel que te has marcado porque entonces vas a perder capacidad y ritmo de trabajo precisamente en aquellos puestos que son los más creativos.

Ventura

Los trabajos creativos o, dicho de otro modo, los que exigen una aportación personal, conducen con más facilidad a que la vida privada y la profesional estén absolutamente impregnadas la una de la otra, la una en la otra. Y eso ocurre, desde luego, también con los directivos; mi experiencia como *coach* ejecutivo lo confirma reiteradamente.

Alfons

Para las personas cuya actividad se centra en la aportación personal y que están involucradas con la organización, esta cuestión es tal y como tú la describes.

Ventura

Una buena forma de conseguir una coexistencia gratificante de ambas «vidas» es buscar la satisfacción que te produce descubrir facetas de ti como persona que te son útiles como profesional. Quiero decir, encontrar aspectos de tu forma de actuar en la esfera personal de tu vida que te proporcionan resultados positivos también en la esfera profesional, de modo que puedas ser «tú» en todo momento, sin establecer un «yo» laboral y un «yo» privado, que es la causa de la mayoría de tensiones y problemas. El nexo está en la parte intelectual sobre todo y, en cierta medida, también en la emocional. Ese «factor común» es el que, bien conducido, se establece como puente entre los dos ámbitos: profesional y privado.

Jordi

Desde luego, una fórmula especialmente indicada para esto es «nutrirte» de experiencias de personas que hayan sabido conseguir esta integración.

Ventura

Personas de cualquier ámbito. Da igual en qué anden metidos... Una persona que haya sabido desarrollarse como tal siempre tiene algo que enseñar, con independencia de su profesión.

Alfons

Mira, curiosamente, en el *Harvard Business Review* de este mes, hay una entrevista sobre conocimiento paralelo con un experto en el adiestramiento de aves en Estados Unidos. Este hombre tiene varios libros escritos y han publicado esta entrevista precisamente porque se plantean qué puede enseñar alguien que es un adiestrador de aves al mundo de la empresa. Y su respuesta es: *reconocimiento de patrones*. O sea, cuando avistas un ave, normalmente sólo la ves un instante, y por su sonido, por el color que has visto, por el movimiento, tienes que saber descifrar de qué ave se trata. A partir de eso, ¿sabes qué consejo les da a los directivos? El directivo está demasiado acostumbrado a, digamos, encontrar patrones a partir de las semejanzas: «esto ha de ser así porque se parece a aquello otro» y, sin embargo, se trata de ver las diferencias; justo lo contrario. O sea que, de hecho, tú puedes descubrir un ave con mayor probabilidad de acierto, no tanto por lo que tiene de parecido con otra, sino por lo que la diferencia. El enfoque exige más al que lo pone en práctica, pero es más eficaz. El hecho de que, hoy, alguien pueda salir en el *Harvard Business Review* porque es un experto adiestrador de aves, y pueda transmitir al empresario un conocimiento sobre cómo reconocer patrones, es algo nuevo, refrescante. Y ese principio se puede ampliar, aplicándolo a muchas personas, grandes conocedoras de otros ámbitos de los que se pueda extraer conocimiento aplicable a la gestión.

Ventura

De hecho, a eso voy cuando hablo de la posibilidad de buscar gente en un ámbito alejado de la empresa. Si se trata de expandir nuestras mentes, para aprovechar la potencia que de ello se derive en nuestra capacidad de gestión, lo peor que podemos hacer es volvernos endogámicos y limitarnos al mundo de la empresa. Busquemos también inspiración y conocimientos en artistas, escritores, filósofos, cineastas, científicos, gente metida en cosas totalmente distintas de lo que hacemos todos los días...

Jordi

Estamos hablando de gente interdisciplinaria, con un pensamiento global, ecléctico.

Alfons

Sí. Y eso es el aula de Sócrates, clarísimamente. Es decir, en el fondo lo que tú quieres es escoger tipos muy distintos, mezclarlos, para que salga algo nuevo, diferente.

Ventura

Exacto. Primero, se trata de potenciar el impulso creador que todos llevamos dentro para aplicar esa fuerza y luego, de resolver nuestros problemas de *management* de forma innovadora, distinta, enriquecedora tanto para quien aplica la solución como para quien es influido por ella.

Alfons

Yo creo que eso está a la orden del día: el eclecticismo, la experiencia, pero sobre todo también, las ganas de renovación, de apertura mental y de aceptación de la diversidad. Lo último que debemos hacer es estancarnos en un conservadurismo organizativo, porque eso está absolutamente en contra del tiempo que vivimos, que es un tiempo abierto.

Ventura

Y un tiempo donde la competitividad te deja fuera de juego en un instante si no te esfuerzas por ser mejor, más completo; un «solventador» nato. Y en ese sentido me reafirmo al poner como objetivo primordial la búsqueda de la fuerza interior que cada directivo tiene, su sabiduría personal, para ampliarla y reconducirla hacia su gente y su trabajo...

Jordi

Por cierto, ¿qué opináis de...

... fuera oscurecía; la tormenta había dado paso a un espléndido y denso cielo de invierno. La conversación se prolongó, todavía, un rato más...

6

Ética para tiempos de ansiedad (¿cuáles no lo han sido?)

«Sólo conozco un único deber: el de amar.»

ALBERT CAMUS

La ética es la parte de la filosofía (esto es, de amor al saber) que trata de establecer el fundamento de la moralidad de los actos humanos. Y su propósito es aportarnos un conjunto de reglas morales que regulen la conducta y las relaciones humanas. Se trata de convivir. Y la cosa viene de antiguo, pero sigue sonando a nueva, porque parece que no siempre se ejercita, o no siempre, o no por todos...

Dentro de ese cúmulo de opciones que implica vivir, la opción para un ser humano puede oscilar entre polos muy alejados. Por un lado extremo, puede comportarse como un ser egoísta, mezquino y despreciable o, por otro, vivir y coexistir como una persona con valores humanos; esto es, un ser capaz de reconocer al otro, dejarle espacio y aceptarle.

Aceptar al otro, concederle la opción de ser él mismo, aprender de él porque uno no se siente como verdad absoluta y definitiva, porque uno no puede ni quiere ser como el reformador Calvino, un ejemplo de intolerancia religiosa. Aceptar al otro y no imponerle cosas es un camino que implica tener una conducta no excluyente, es un camino integrador, propio de la gente fuerte (esto es, que no se defiende atacando) y generosa. Sin atacar, porque atacar a menudo es una forma mal planteada de defensa. Es el síntoma del débil.

De forma óptima, las personas *comprenden*. Comprender es mucho más profundo y necesario que esa penosa opción –aparentemente tan simpática y en realidad tan terrible– que es *tolerar;* esto es: «yo te acepto, desde mi superioridad, aunque a regañadientes, te permito existir en la diferencia, pero te desprecio, te perdono la vida».

«No rías, ni llores, ni te indignes, sino comprende.»

SPINOZA

Comprender no debería ser el final del proceso, sino sólo un estadio intermedio. En su mejor versión, comprender debería dar paso a una cierta empatía (reconocer y aceptar los valores e ideas del otro, aunque no coincidan con los nuestros).

La ética es algo cada vez más necesario en este mundo, ya que ayuda a equilibrarnos ante un entorno desbocado y sin referentes. Perdida la mesura, puesto que ya tenemos todo lo deseable en una pantalla deslumbrante de cristal líquido, todo sucede a una vertiginosa velocidad. Velocidad muy útil para quienes mangonean con nuestra conciencia, puesto que para dominarla es preciso imposibilitar la oportunidad de pensar, de sopesar las cosas, de comprometerse con lo que uno cree. La velocidad es una cierta forma del fascismo.

Y será bueno que nos ocupemos de ese compromiso ético con el mundo. Este mundo necesita (y necesitará, cada vez más) gente que sepa convivir. Porque a mayor desquiciamiento de las personas, más importantes –y sobre todo, más necesarios– serán los espacios y las personas que permitan el diálogo. Toda rotura, física o mental, de cosas o de personas, tiene coste. Coste social, coste económico. Y habría que ver cuántas veces supone un coste innecesario.

Miremos de cara a los malos tiempos. No rehuyamos la verdad y podremos hacerlos mejores si así lo intentamos, si es nuestro compromiso.

«Una dictadura que no haga uso de la violencia resulta impensable e insostenible.»

«Quien quiera conservar el poder, necesita tener en sus manos los medios del poder.»

STEFAN ZWEIG

¿Qué hacer para que esto no sea así? ¿Cómo podemos responder? La respuesta es «tejiendo relaciones de valor».

Dentro de poco, las personas que sepan escuchar, entender al otro y ayudar a que las posturas se acerquen, serán gente de indudable valor estratégico. Porque cada día será, lamentablemente, más necesario saber gestionar el conflicto. Y, como es sabido, por la confrontación sólo se acostumbra a llegar al desastre. Y tratar con gente sin criterio, primitiva, sin voluntad ni capacidad de diálogo, es instalarse en el páramo del campo de batalla.

Las preguntas de la ética serán siempre muchas. Pero las mayores serán las que cada uno de nosotros nos realicemos, más allá del éxito o fracaso exterior. Una casa lujosa, rodeada de guardas de seguridad, es un bien dudoso y, cuando menos, inestable. En algunos países de América Latina, por poner un ejemplo, ver la obsesión por la seguridad insufla tanto miedo que acaba quitándote el placer de viajar, de moverte. Hay personas, en todos los países del mundo, que viven alejadas de la realidad. Porque la realidad, que han contribuido a configurar, no les puede gustar.

Y, por analogía, en una empresa, un despacho magnífico rodeado de gente que te aísle de la verdad, que te mienta, que te tema o que te desprecie, es un espacio pobre, además de penoso. Si cuando uno mira a su alrededor y no sabe distinguir el halago de la verdad, lo esencial de lo superfluo, lo auténtico de lo falso, estará bastante desorientado, por más que la jaula sea de lujo. Será como el historial médico de J.F. Kennedy, que ahora sale a la luz: gran cargo, pésima salud.

Preguntémonos de nuevo: ¿qué está pasando?

En los últimos años, empiezan a surgir muchas obras que están llenas de citas de grandes pensadores, creadores, políticos. ¿Por qué? Probablemente porque las citas son los balones de oxígeno en un mundo extraviado. Son el espacio que nuestro mundo reclama a las personas sabias; un espacio aún no contaminado. Son islas de sentido, son como una buena librería.

Si tomamos ejemplos de personas que sean puntos cardinales de pensamiento, encontraremos fácilmente palabras que abundan en hacernos ver lo esencial. Algunas vienen de antiguo, y los siglos no les hacen perder ni un ápice de validez. En el mundo antiguo, por citar sólo dos buenos ejemplos, tanto Aristóteles como Séneca serían espacios de sentido.

> *«En cuanto a los negocios, son de naturaleza violenta, y es evidente que las riquezas no son un bien en sí mismo, sino que lo son en razón a aquel al que proporcionan.»*
>
> ARISTÓTELES

Otras personas, otras citas, más recientes, no serán menos valiosas. Porque las personas verdaderamente grandes son aquellas que nos vinculan con el pasado más valioso y que nos permiten volar. Hoy, las mejores personas son el necesario vínculo de unión entre las raíces y las alas.

Tiene razón José Luis Sanpedro, uno de los hombres sabios que ha dado este país en el siglo XX, cuando nos recuerda que hay que saber distinguir entre «éxito» y «cumplimiento». Sin realizar aquello que uno cree que vale la pena, no se es verdadera y duraderamente feliz.

Existe el éxito externo y el interno, aquel que te convence a ti en lo más profundo de tus valores. Ganar mucho dinero en una actividad que no te haga feliz, puede llegar a corromper el alma. El caso más extremo, sería el narcotráfico. Pero hay casos algo más sutiles, pero igual de sucios.

> *«Si le ofrecen un sueldazo, desconfíe.»*
>
> CHARLES HANDY

En otras ocasiones, las señales no son tan evidentes, pero existen. Algunas personas aún no se dicen a sí mismas, en voz alta, cuánto han dejado en el camino como precio hasta llegar a su actual posición. Muchas –las hemos visto todos– sobreviven ahogando sus miserias en alcohol, o en otras formas de evasión. Porque hay gente que se da asco a sí misma. No hay más que verlos. Pero ello no quiere decir que no acaben viéndolo. Es fácil engañarse, la mente puede ser muy tramposa.

El buen gestor será aquel que sepa hacer camino integrando sus valores, sus convicciones, sus compromisos humanos, llevando con él o ella a su equipo sin desmotivarlo, sin traicionarlo, sin humillarlo y sin despreciarlo.

> **«Hemos de contribuir a la felicidad y a la alegría,**
> **porque este universo es infeliz.»**

ALBERT CAMUS

Todas las demás opciones suelen estar basadas en el temor, y, aunque Napoleón dijese que es más útil ser temido que amado, porque el líder temido no será traicionado, la historia está llena de casos en los que el miedo sólo ha servido durante un tiempo. La fidelidad al mafioso durará mientras éste detente todo el poder. A la primera fisura, será traicionado. Lo dice el refrán antiguo: «quien a hierro mata, a hierro muere». Además, incluso el mismo Bonaparte, ese personaje que tanto desprecio suscitaba en Elías Canetti, el premio Nobel de Literatura del 1986, parece que dijo en otra ocasión: «Un ejército que no entierre a sus muertos y que no cure a sus heridos no es un ejército, sino una panda de cuatreros».

La confrontación ya sólo es rentable entre algunos de los más despreciables políticos, que llevan a sus sociedades a caminos sin retorno, o de casi imposible solución.

El nuevo gestor se enfrentará, a lo largo de su vida profesional, con una comunidad de empleados que le pedirán, crecientemente, que sea una persona capaz de ejercer positivamente su carisma. Las razones son bien sencillas y son el resultado de la interacción de varios elementos. Uno, objetivo, práctico y prosaico: el mundo de las nuevas tecnologías facilita a los empleados un gran poder de información, por más que se crea que no lo tienen o se subestime su grado de información.

Por otro lado, el individualismo creciente de las personas (más o menos legítimo y más o menos positivo a largo plazo) hace que todos los seres humanos exijamos más respeto. Poco aguante tiene una empresa basada en la cultura del látigo. Hoy, las formas de dirección que tengan futuro deberán estar basadas en el respeto y en el sentido. Todo lo demás, es manejar a gente con poca capacidad de gestión, de compromiso, de responsabilidad y de auto-estima. Ninguna organización podrá sobrevivir con dignidad si cuenta con empleados disminuidos en su potencial humano.

Para tener empleados así, más vale contar con un buen *software* de atención automática al cliente. Pero una empresa de estas características no piensa, no innova, no mejora, no configura el futuro. Se limita a servir cadenas de órdenes.

En otro orden de cosas muy distinto, convendría recordarnos a cada uno de nosotros que si no somos capaces de reducir gastos, estaremos atrapados en un sistema basado en carencias propias, que provocará y estimulará nuestra infelicidad. Esto es: estaremos presos en un mundo falso. Halagador, pero falso. Brillante, pero falso. Porque el día que te llega a faltar el dinero (o mucho dinero), dejarás de ser quien crees que eres. Y eso es ser débil y, desde luego, vulnerable, muy vulnerable. Hay que preguntarse quién somos sin el cargo que aparece en la tarjeta de visita profesional y sin el respaldo de la empresa. La respuesta a esa pregunta nos dirá quiénes somos en realidad.

Analicemos decisiones difíciles en la vida. Si en una decisión profunda, que responde a tus valores, tu gente más querida no te acompaña, tal vez sea una señal de que estás con la gente equivocada. O de que estás equivocado y que has perdido la capacidad de escuchar a tu gente importante.

> *«Cualquiera puede solidarizarse con el sufrimiento de un amigo. Pero hace falta un carácter magnífico para solidarizarse con su éxito.»*
>
> Oscar Wilde

Las crisis son buenas para descubrir a los verdaderos amigos. Y también para descubrirse a uno mismo. Por caro que sea, por duro que sea el golpe. Es bueno saber quiénes somos.

Max Frisch, el magnífico autor suizo, decía que en la vida somos tres cosas: quienes somos realmente, quienes creemos ser y aquella persona, tal y como es vista por los demás. Profundo y muy verdadero. Y, ahora, toca preguntarse: «y de las tres cosas, ¿cuál quiero ser, realmente?» Demasiado a menudo, uno es sólo lo que le permita ser un tercero. Resulta un tanto patético.

Hablando de ética, llegamos a un *poderoso* señor: el dinero. Dice el economista brasileño Celso Furtado que en nuestro mundo actual el PIB ocupa el lugar que tuvo la Santísima Trinidad en la Edad Media.

El dinero, dice un refrán, es buen sirviente y mal señor. Situarlo por encima de su lugar es una fórmula de esclavitud. Una buena relación con él podría ser la que expresaba Séneca con su frase: «Yo no busco las riquezas, pero las prefiero.»

El dinero tiene que ver con uno mismo, con sus valores, con su relación con el mundo, pero también con ese entorno físico que es el mundo, entendido como ecosistema.

Dijo Josep Pla, el gran autor y prosista catalán, uno de los más grandes genios de la península Ibérica, cuando vio por vez primera la ciudad de Nueva York: «Y toda esta luz ¿quién la paga?»

Ahora que cada vez sale más a la palestra el tema ecológico, para mayor incomodidad de la gente, es hora de preguntarnos cuál es nuestra relación con esa conciencia. Ahora que vemos que los recursos naturales (sobre todo, el tema del petróleo) va a ser fuente de más guerras, golpes de estado más o menos disimulados, etcétera, es hora de pensar en qué modelo de entorno queremos vivir: sociedad, empresa y familia.

Lo público y lo privado se funden porque no hay espacio para aislarse. Porque la velocidad tampoco permite aislarse. Porque actualmente no gusta que nadie esté aislado. Porque todo se tiene que convertir en mercado y en mercancía. Y porque cada vez más nos va a ser necesario vivir conforme a un *ethos*. Va a sernos necesario, puesto que, como individuos, necesitamos una dirección.

Es más fácil –y necesario– reducir muchos gastos superfluos que aumentar unos exiguos ingresos, sin duda. Pero este modelo económico, basado en la explotación sin límite de los recursos naturales y en el desprecio por el entorno (empresas, personas, sociedad, empleados, etcétera), sólo consigue hacer más evidente el engaño. Dicho sea una vez más: los fraudes tipo Enron no tienen futuro.

Hablábamos antes del respeto. Sin él no existe ni confianza ni autoridad en la dirección. Puedes intentar atemorizar por medio del poder, pero ese comportamiento es una más de las formas de ser despreciable. Sin respeto de los empleados, de los amigos, de las personas que realmente te conocen, el futuro es indisfrutable y, además, probablemente no sea rentable.

En síntesis: cada vez vivimos más horas en la empresa. Cada vez necesitamos más a un líder con autoridad y un carisma positivo. Dado que cada vez tendemos a tener menos relaciones familiares (todos vivimos desperdigados y sin tiempo), cada vez necesitamos más un sentido de pertenencia a algo, que, además y a ser posible, sea una causa que tenga sentido (esto es, noble). Y en la empresa donde trabajemos, bueno será que estemos en un equipo cohesionado y que viva en esfuerzo compartido por una causa. Malo será estar en un entorno sin sentido. No sólo puedes enfermar por causa de radiaciones nocivas nucleares. Hay personas, entornos, empresas que irradian malas vibraciones. Hay organizaciones que no son buenas para el hígado. Mejor ir en burro que ser derribado por un caballo, decía el sabio portugués. Es curioso, pero no es fácil conocer a personas contentas de trabajar en muchas de las grandes empresas. Vienen siempre a decir algo así como «yo no tengo nada que ver con el espíritu y modo de tratar de esta gente».

Es hora de escuchar, aunque haya un grupo de personas (tal vez, la mayoría) que prefieran destruirse por el halago que salvarse por la crítica. Es hora de escuchar.

Algo indica (seguramente, el sentido común) que las personas somos como granos de arena en el desierto. Pero que, por más que existan tantas opciones personales como personas, los seres humanos tenderemos a agruparnos en colectivos similares. Sentido llamará a sentido. Superficialidad a superficialidad. Tamaño a tamaño. Dirección a dirección. Aunque, el sentido último nos lo tiene que dar nuestra propia coherencia.

En el entorno profesional no será posible articular un discurso coherente si no se tiene al lado a las personas cohesionadas y llamadas a trabajar en una causa común. El discurso técnico no es suficiente. Hemos sido

educados en el excesivo individualismo y, como consecuencia de ello, muchos individuos no aceptan normas
tan fácilmente.

Las personas que dirigen necesitan ayuda para ayudar. Los que trabajan necesitan ser ayudados para, a su
vez, dar servicio con convicción. Las empresas deben
«escuchar» a sus empleados, a sus clientes, y a su tiempo.

El autismo es una lesión. Las empresas autistas son
patológicas. Y los líderes necesitan trabajar con empresas sanas y empleados sanos. La empresa precisa líderes
sanos. Cuando vemos esos demasiados casos en los que
mandan seres con patologías, es una señal de que la am-
bición, sin ningún valor humano personal, ha triunfado.
Pero eso es señal de que ha habido muchísimos elementos del entorno empresarial, de su educación y de su criterio que han fracasado. Porque de un líder enfermo no
salen resultados duraderos. Algunos líderes fascistas lle-
garon al poder por las urnas, pero las sociedades que los
eligieron estaban enfermas y pagaron su error.

Nada tiene tanta fuerza como poder ser normal. A veces, hay que navegar con las corrientes, y no contra ellas;
y en otros casos, una cierta forma de rebelión es imprescindible. Trabajar con las personas y no contra ellas. De
repente, la sencillez pasa a ser extraordinaria. Escuchar
será revolucionario. Pensar, pura maravilla. Tomar decisiones acordes a los dos hechos anteriores, alta tecnología humana.

Algunos países tienen exactamente eso: alta tecnología humana, porque las personas que trabajan en las
empresas no sólo están preparadas técnicamente, sino
que tienen un entorno humano. El caso escandinavo es
notorio.

> *«Entre las cualidades más esenciales del espíritu*
> *humano está la confianza en uno mismo y el crear*
> *confianza en los demás.»*
>
> GANDHI

Preguntas a solas

1. ¿Es lo mismo comprender que tolerar? ¿Por qué?

2. ¿He podido evitar cosas negativas que finalmente han sucedido en mi entorno profesional? ¿A qué precio?

3. ¿Cuán esencial es para mí saber convivir?

4. ¿Qué es mejor: ser temido/a, ser amado/a, ser respetado/a?

5. ¿Es posible confiar en alguien sólo parcialmente?

6. ¿Mi espacio profesional excluye necesariamente el espacio del otro?

7. ¿Existen oficios (actividades profesionales) que nos hagan mejores personas?

7

Liderar también sugiere amar

«Para dirigir personas, camina detrás de ellas.»

LAO TSE

«Si quieres construir un barco, no empieces por cortar las maderas y distribuir el trabajo, sino que primero has de saber evocar en los hombres el anhelo del mar libre y abierto.»

SAINT-EXUPÉRY

Desde siempre las preguntas clave que se intentan contestar son: ¿Qué es liderar? ¿En qué consiste el liderazgo? ¿Cómo es y qué ha de ser un líder? Y es obvio que la descripción de una actividad, de una actitud tan compleja e importante como ésta, se compone de un mosaico de muy diversos elementos que le dan forma y personalidad en función del peso específico que tenga cada uno de estos elementos dentro del conjunto.

Si uno realiza el ejercicio de buscar mentalmente sinónimos del verbo «liderar» y, tras hacerlo, compara sus conclusiones con las de los demás, probablemente se encuentre con un resultado sorprendente: ¿cómo es posible que algo a la vez tan importante y tan «claro» pueda entenderse de forma tan distinta? Incluso ante sinónimos, si se nos solicita una clasificación y priorización de éstos, hallaremos que el énfasis que cada cual pone en los mismos conceptos es bien distinto.

¿Por qué? Obviamente porque cada persona percibe la esencia del liderazgo, de la autoridad o del poder, de forma distinta, según sus propias aptitudes innatas y sus experiencias previas. Profundizando más, podemos realizar un ejercicio similar, esta vez con una lista de sólo cinco verbos que, a nuestro juicio, sean lo más contrario posible a nuestra interpretación de un liderazgo adecuado.

Aquí, ante la disyuntiva de escoger sólo cinco palabras, las diferencias se acentúan y los resultados alcanzados por las distintas personas pueden llegar a estar notoriamente alejados.

Esto significa que quien pretenda abarcar en una definición lo que es liderar estará, automáticamente, quedándose corto, dejando fuera muchas otras sensibilidades igualmente adecuadas para explicar qué es el liderazgo.

Sin embargo, también está claro que esto no es razón para evitar buscar explicación a un fenómeno de la conducta humana que ha marcado sin excepciones las vidas de todos los hombres y mujeres desde que vivimos en sociedad, sea en grupos, clanes, tribus, naciones o federaciones de países. Una conducta que viene produciéndose inexorablemente desde que trabajamos juntos, bien colaborando en el esfuerzo fundamental por sobrevivir o simplemente para pasar un rato de ocio.

> *«Quien gobierna, mal descansa.»*
>
> LOPE DE VEGA

Si nos empeñamos en inventariar, seremos capaces de perfilar muchas cuestiones que van cerrando el cerco a una posible definición. Cuestiones tan diversas como:

- comunicación interpersonal
- fijación de metas –comunes y particulares–
- gestión de conflictos
- negociación
- formación de equipos y de su espíritu colectivo
- capacidad de trabajo
- delegación
- desarrollo del talento en cada uno
- gestión positiva del error
- capacitación técnica y humanística
- positivismo frente a lo adverso
- fuerza vital en la transmisión de una idea, una visión

Es indudable que todas ellas configuran el mapa de lo que implica un liderazgo efectivo; el liderazgo en un auténtico tono positivo.

Pero todas estas acciones no son liderar en sí mismo; más bien son su consecuencia lógica.

Las características de un líder serán la resultante del mix, personal e intransferible, que éste desarrolle para dicho conjunto de características. Y dicho mix puede resultar totalmente adecuado o inadecuado según sean las personas receptoras de ese liderazgo y las circunstancias en las que se desarrolle. De hecho, el mismo mix puede resultar adecuado en un momento y, posteriormente, con las mismas personas, pasar a ser completamente inoportuno.

O viceversa; en idénticas situaciones pero con personas distintas, lo que sirvió ya no sirve. Ser un buen líder hoy y aquí no me convierte en un buen líder siempre y en cualquier lugar.

Hay, sin embargo, un elemento común, una especie de llave maestra que subyace en cualquier lugar, cultura y tiempo, que es la que «empapa» toda actitud de liderazgo. A partir de una necesidad que desencadena y pone en marcha la búsqueda de liderazgo, consciente o no, por parte de un grupo de personas, tiene que producirse la chispa inicial que coloca a otra persona o grupo de personas al frente del conjunto, para marcar el tempo de sus vidas, sean personales, políticas, espirituales o profesionales.

Esa clave, la que está en la base, dando soporte y cimentando el liderazgo de las personas, por las personas y para las personas, es: *saber llegar al alma del prójimo.*

Porque ser capaz de remover con voluntad positiva y mano experta los océanos internos más profundos de las personas que conocemos y con las que trabajamos, propicia que se pongan en marcha muchos de los puntos fuertes de estas personas, muchas de sus virtudes y elementos de potencia personal que han estado ahí sin que nadie catalizase su despertar.

El buen líder es como un zahorí que sabe encontrar y hacer brotar el extraordinario manantial de productividad que cada persona lleva dentro.

Una vez en marcha, esta fuerza vital del grupo, a través de las individualidades que lo configuran, es otra componente que requiere del liderazgo, de la coordinación y optimización, para fomentar los puntos fuertes, manifiestos a través de las actitudes y los talentos.

Para poder ejercer el privilegio de liderar de una manera positiva y plena, es imprescindible conocer, respetar y amar el alma humana. Cualquier otra cosa puede ser dirigir, ordenar, mandar, encauzar; todos ellos enfoques útiles y utilitaristas. Pero no equivalen a liderar en el sentido más pletórico del término y hasta sus últimas consecuencias.

> *«La virtud consiste en amar a los hombres; la sabiduría en conocerlos.»*
>
> CONFUCIO

En el pasado, los antiguos maestros tenían como objetivo fundamental actuar como elementos de catarsis de las virtudes de sus discípulos. Se partía de la base de que todas las personas tienen en su interior muchos elementos positivos que no han podido aflorar todavía y que, sin la fuerza que ejerce un mentor adecuado, tal vez queden enterrados para siempre.

No se trata de manipulación, incluso asumiendo que los «trucos del oficio» utilizados por los maestros pudiesen, en algún momento parecer manipulación pura y dura. ¿Acaso no nos modelaba también nuestra madre cuando, a la vista de un comportamiento inadecuado por nuestra parte, nos sugería cariñosa e indirectamente que pidiésemos perdón o que realizáramos un trabajo pendiente? ¿No era una «manipulación» positiva, repleta de amor y sabiduría? ¿Acaso no se trataba de un «empujón necesario» en la dirección adecuada?

Liderar es, muchas veces, actuar como motor de arranque, jugar al limpio juego de Sócrates, quien, mediante sencillas pero acertadas preguntas encadenadas, ponía de manifiesto para su pupilo las cuestiones que eran relevantes sobre un tema en concreto.

Pero este avance se conseguía indirectamente, al ritmo personal de cada alumno, en función de su propio talento natural y capacidad de razonar y relacionar. El maestro sólo debía ser diestro en el arte de desenterrar lo que ya estaba allí, de colaborar en la extracción del valor que ya era parte del patrimonio ignoto del propio discípulo.

El proceso es muy parecido a una catarsis gradual, producida por un equilibrio entre confianza, respeto, conveniencia y deseo de aprender/enseñar. Es decir, cariño apoyado en el profundo conocimiento personal que, a lo largo de los años, se establecía entre maestro y alumno. El alma del pupilo al descubierto le permitía a su mentor entrar en ella, buscar, encontrar y extraer la fuerza propia que permitiría al pupilo desarrollarse mejor como persona.

«Pide consejo al que sabe corregirse a sí mismo.»

LEONARDO DA VINCI

Pocas cosas en la vida nos llenan de una satisfacción personal más íntima e intensa que sentirnos valorados, respetados y queridos abiertamente por otras personas. Y la actividad de liderar de forma honesta, generosa y positiva es una de las mejores maneras de dar y de recibir toda esta estimación. Es igualmente extraordinario sentir que mediante nuestra generosidad personal y profesional, las personas a nuestro alrededor aprenden, mejoran, comprenden, actúan acertadamente; generan su propia capacidad de juicio y juzgan bien.

Transmitir nuestros conocimientos y sensibilidad es, en cierto modo, pasar a formar parte de esas personas, convertirnos en una pequeña porción de ellas para siempre, con independencia de que exista un reconocimiento explícito de ello por parte de las mismas.

Lo cierto es que, tras esta transmisión directa de sabiduría –ya sea individual o colectiva–, pasamos a ser parte indisoluble de las personas a quienes la hemos transmitido. Es una magnífica forma de perdurar a través del tiempo. Y también una potentísima forma de generosidad.

«Los buenos líderes se precisan para los momentos difíciles ya que en los momentos buenos todos los líderes son excelentes.»

ESOPO

Un líder es como una buena radio. Está capacitado para sintonizar con todas las ondas, captando el mensaje de cualquier emisor, esté en la frecuencia que esté. Y también tiene la capacidad de enviar el mensaje adecuado al oyente adecuado. En función de su receptor, elabora un contenido específico, hecho a la medida de dicho oyente, y lo programa en el momento oportuno, cuando capta la máxima receptividad.

Y, por último, escucharlo es todo un placer, porque combina con acierto lo que dice y cómo lo dice; sabe de lo que habla y sólo habla de lo que sabe. Si no, vuelve a colocar su antena y se sitúa en *mode* recepción.

«El corazón humano es un instrumento de muchas cuerdas; el perfecto conocedor de los hombres las sabe hacer vibrar todas y es, en este sentido, un buen músico.»

CHARLES DICKENS

A medida que nuestra sociedad evoluciona, las actitudes de las personas también cambian, dejando obsoletos planteamientos y actuaciones que han podido demostrar su eficacia en el pasado pero que, con el paso del tiempo, acaban pareciendo torpes intentos de repetir fórmulas ya completamente agotadas.

El modelo anterior de organización eficaz está caducando y no podemos esperar mucho tiempo más para implantar resueltamente un nuevo enfoque, con criterios distintos y principios basados en el perfil actual de nuestras sociedades. En el modelo que agoniza, la incapacidad de generar sentimientos poderosos y positivos hacia la organización y los seres humanos que conviven en ella es, hoy por hoy, su principal grieta.

Por esa grieta se escapa lo mejor de muchas personas; aquello que puede significar la diferencia entre la mediocridad y la excelencia para cualquier empresa.

Si lo único que no cambia es el hecho de que todo cambia, hay que estar en alerta continua para detectar en qué cuestiones acaba de producirse un cambio, probablemente imperceptible de entrada, pero gradualmente más y más poderoso, hasta llegar a un punto en el que lo realmente extraño es que alguien se plantee lo nuevo como «nuevo». Porque justo en ese momento estamos ya ante un cambio consolidado, incuestionable y, posiblemente, empezando a variar de nuevo...

En este sentido, uno de los cambios que está fraguando de forma amplia y efectiva, a ritmo lento pero contundente, es la percepción social del liderazgo. La existencia del líder como institución social ha deparado a los seres humanos la mayor parte de los grandes males y grandes remedios de la civilización a lo largo de muchos siglos.

Por ello, si bien la figura del líder es casi intocable, mítica para la mayoría de culturas, su naturaleza está reclamando un cambio, una modificación que altere sensiblemente su forma de ejercerse y de influir en la sociedad.

«La innovación procede de la destrucción creativa.»

YOSHIHISA TABUCHI

«El arte de dirigir consiste en saber cuándo hay que abandonar la batuta para no molestar a la orquesta.»

KARAJAN

Desde este punto de vista, la pregunta aparentemente básica a realizar es: ¿sigue siendo necesaria la función de liderazgo como actitud *«non-stop»*? La respuesta es rotundamente sí, aunque la pregunta que tal vez permita matizar mejor la cuestión es, más bien: ¿de qué forma conviene ejercer *ahora* el liderazgo?

Y, aquí, la respuesta nos anticipa la aparición, con creciente fuerza y protagonismo, del «coliderazgo».

Porque la clave ya no reside sólo en el líder, sino en

los líderes que ejercen su influencia en cada nivel operativo de la organización.

¿Por qué?

Fundamentalmente por dos razones:

• Porque en el ámbito profesional predominan a menudo actitudes como el escepticismo, el estar de vuelta de todo, el auto-desarrollo individual por encima de otras opciones; la potenciación y utilización de los talentos de cada uno esté donde esté; el respeto a ultranza de las personalidades. Es el deseo manifiesto y expreso de reconocimiento personal y profesional; la vasta amplitud de alternativas laborales para los más capacitados y su escasa tolerancia a situaciones profesionalmente enojosas; el deseo de emerger como individuos frente a la imparable «estandarización» de personalidades, hábitos y estilos de vida.

Es la inevitable y seguramente legítima defensa a ultranza del ego frente a los intentos de utilizarlo o subyugarlo, en un momento en el que los medios a disposición de las personas como entes individuales permiten un nivel de desarrollo y productividad como jamás se ha vivido hasta hoy.

Y ante todo ello, lo sensato es adoptar una actitud positiva y de aprovechamiento y canalización de esas energías «individualistas» (sin entrar en el estéril debate sobre la posible positividad o negatividad de dichas actitudes) hacia un bien (objetivo) común, permitiendo la expansión de aquellos talentos personales que deseen expandirse, dentro del marco de convivencia empresarial pactado.

Por lo tanto, si hemos de aprovechar estos talentos, en beneficio de la organización y en su propio beneficio, hemos de poder ofrecerles un contexto de actuación para el ejercicio de su autoridad que les permita coexistir con otros talentos igualmente capacitados. La convivencia bien administrada de estilos de mando diferentes pero convergentes, provoca el afloramiento de un nuevo enfoque del liderazgo, en el que lo importante es entrecruzar voluntades y experiencias hasta definir el camino óptimo.

• Porque es extraordinariamente difícil que una sola persona reúna en todo momento todas y cada una de las condiciones que actualmente se le exigen a un líder. De hecho, cuando se listan las diferentes variables, capacidades, parámetros, factores, elementos, virtudes que debe reunir un «auténtico líder» según los manuales y libros en circulación, se apodera de uno una tremenda sensación de desasosiego y angustia: ¿queremos a alguien que nos guíe razonablemente bien o estamos apelando a un ser mítico?

En este sentido, son conocidos algunos tándems exitosos o equipos formados por núcleos dirigentes que, tanto en el pasado más remoto como en la más vigente actualidad, han demostrado vigorosamente las posibilidades del coliderazgo, en todo tipo de circunstancias. Es improbable que un número suficiente de personas den el complejo perfil de líder en el siglo XXI para cubrir todas las demandas, actuales y futuras, por parte de las organizaciones y del conjunto de la sociedad en general, a lo largo de toda su trayectoria profesional. Es, precisamente, en este sentido, que la propuesta de coliderazgo encuentra su mejor expresión.

«Juzga a un hombre por sus preguntas más que por sus respuestas.»

VOLTAIRE

En consecuencia, debemos realizar una lectura nueva de nuestra forma de entender el liderazgo y su atribución casi automática y exclusiva a una persona física, única y concreta, revistiéndola de una aureola cuasi mágica, como venimos haciendo desde el Paleolítico. No se trata de cuestionar la realidad innegable y eterna del liderazgo, encarnado, normalmente, en una persona que destaca por determinadas cuestiones, de entre el resto del grupo. Más bien se trata de formular ese liderazgo en clave de mayor participación e integración, del resto de personas que tengan la capacidad para ello. No es cuestión de negar la fuerza de la personalidad líder; el factor que se añade es la comprensión de que esa fuerza, por sí sola, va a encontrar crecientes dificultades para alcanzar sus metas y las de sus gentes si no comparte con ellas el poder (que no, necesariamente, la autoridad), permitiendo la mejor expresión de la energía que encierra el colectivo social. El líder actual ha de saber encauzar toda esta energía a través del coliderazgo, yendo, incluso, más allá del *empowerment*.

Esto, traducido al ámbito profesional, tenderá a propiciar el trabajo de varios co-líderes, según las situaciones y los momentos, generando una forma de equipos directivos muy flexibles, cercanos a las funciones operativas, pero no sumergidos en ellas, emanando de éstas y nutriendo al conjunto de las estructuras.

Lo que ahora conocemos como liderazgo ha de pasar a desempeñar una importantísima función de coordinación y de referente filosófico y ético de los distintos co-líderes internos. Y el voto de calidad ante situaciones de parálisis o falta de acuerdo.

Seguramente, esta interpretación del liderazgo mantendrá buena parte de las prerrogativas de las que hoy se inviste una Presidencia, pero ya no se esperará que marque pautas para mayor gloria o deshonra personales, sino que se le supondrá, por encima de cualquier otro atributo, una clarividencia suficiente para inspirar al conjunto de líderes internos, estableciendo pautas –o sólo sugiriéndolas, si los receptores muestran la suficiente capacidad para elaborarlas directamente–, pero no forzando métodos. A estos líderes internos corresponderá el conjugar la totalidad o la mayor parte de las necesarias virtudes de quien ha de acometer la compleja responsabilidad de seguir con cierta garantía de éxito los caminos, dentro de los amplios cauces trazados, el ritmo al cual abordarlos y la forma concreta de andarlos.

Existe evidencia de que las corporaciones están entendiendo que no pueden concentrar todo el poder tradicionalmente asignado al «líder» en una sola persona. Los riesgos, tentaciones y simples errores son potencialmente demasiado numerosos y devastadores para que, encima, se promuevan, aunque sea involuntariamente, concentrando el poder de decisión en un solo individuo. En este sentido, la diferencia entre autoridad y poder ha de quedar manifiesta.

Sin ir más lejos, a medida que los mecanismos de autocontrol de nuestro modelo económico avanzan y crecen, tienden, como elemento de contrapeso y ponderación, a diluir el poder corporativo entre distintos individuos y a distintos niveles, integrando, al mismo tiempo, un sentimiento generalizado en relación a quién y cómo debe detentarse el poder empresarial. Por fortuna, el accionista es cada día más exigente.

Los grandes capitostes de principios de siglo están dando paso a Consejos de Administración, Consejeros Independientes, Comités de Supervisión y Vigilancia, Presidencias compartidas o cíclicas, etc.

Sin embargo, desafortunadamente, esto no significa que dicha dilución de poder dentro de las corporaciones siga el mismo camino fuera de ellas, porque la tendencia a la creación de mega-corporaciones cuasi-propietarias de segmentos enteros de mercado o sectores completos, es una parte preocupante de los derroteros que ha cogido nuestro sistema económico.

La experiencia reiterada en los últimos cien años de expansión corporativa ha confirmado que las injusticias sociales, los engaños personales, las trampas legales, los abusos ecológicos, los desfalcos económicos, los escándalos financieros, los grandes errores involuntarios y una larga lista más de tortuosas acciones promovidas desde las cimas del poder empresarial han restado una parte enorme de credibilidad, fuerza y capacidad de desarrollo positivo al modelo capitalista.

El ejercicio multipersonal de la responsabilidad del poder está convirtiéndose progresivamente en un requisito, tanto desde dentro de las organizaciones como desde su exterior. Y la sabia conjugación de personalidades y talentos (es decir, de lo emocional y de lo técnico) de las personas llamadas a desempeñar este coliderazgo, será la clave del potencial de supervivencia y desarrollo de las organizaciones del futuro.

Y de esta forma, en la capacidad que tenemos de aprender de nuestros fallos, hemos de modelar nuestros esquemas de poder desde la óptica de repartir y compartir los atributos del liderazgo en mayor medida, aunque sin renunciar a la necesaria batuta coordinadora y directora. La distribución eficaz y honesta de las principales responsabilidades que emergen de la actividad empresarial, de manera cada vez más amplia, se impone como fuerza moldeadora y promotora de nuestro futuro.

Cuando la eficacia está reñida con el humanismo, no caben dudas.

> *«En todo sistema vivo, ya sea un embrión, un paisaje o una cultura, la organización limita las posibilidades de reorganización.»*
>
> RENÉ DUBOS

El esquema del coliderazgo supone un avance en la interpretación del liderazgo. De hecho, plantea que, según el momento y el cometido, un significativo número de personas podría ejercer ese rol crítico en su propia organización, de forma cíclica o alternativa, según los contextos en los que se desenvuelva dicha organización.

Tal y como propugnan las corporaciones y empresas que actualmente están a la vanguardia del management, es imprescindible que cada miembro del colectivo que conforma una empresa sienta la importancia del papel que puede y debe desempeñar, para que la organización alcance altos niveles de excelencia, ya sea en el ámbito estrictamente económico o en los ámbitos social o ético; incluso cultural o ecológico.

La actitud y el conjunto de destrezas vinculadas «tradicionalmente» al carisma de un espíritu líder son actualmente requeridas a todos los niveles del organigrama. No es sólo una cuestión de iniciativa o de involucración deseable en los colaboradores, sino de algo más intenso, más comprometido, pero no sólo con la organización o con uno mismo, sino con el conjunto de personas con las que se trabaja.

Quienes tienen vocación y madera para el liderazgo han de encontrar en el seno de sus empresas el espacio para poder desarrollar estas aptitudes.

Pero sólo lo hallarán si otros líderes antes que ellos han dejado marcado y libre ese camino. En la cadena que engarza las voluntades y las actuaciones de las personas, cada eslabón es necesario para que el sentido de la organización recorra el conjunto de arriba abajo y viceversa.

Ese sentido, en un entorno que es cada día más competitivo económicamente, complejo socialmente, abierto políticamente y centrífugo culturalmente, se refleja en una visión organizativa de corresponsabilidad, en un sentimiento personal de respeto por la diversidad y en un impulso del individualismo creador acoplado a la necesaria y legítima percepción de los intereses colectivos.

El coliderazgo pone de manifiesto que las posibilidades de superación organizativa siguen estando al alcance de la buena gestión, la que entiende que la excelencia no es una meta sino un camino. Un camino del que, hoy por hoy y afortunadamente, no se vislumbra el fin.

«Si queremos un mundo de paz y justicia hay que poner decididamente la inteligencia al servicio del amor.»

SAINT-EXUPÉRY

Preguntas a solas

1. ¿Por qué cuesta tanto encontrar una definición «universal» del liderazgo?

2. ¿Cuántas personas conozco fuera del ámbito profesional que podrían calificarse de líderes? ¿Por qué cualidades? ¿Qué aspectos de su personalidad no me gustan?

3. ¿Cuál fue la ocasión en la que me sentí más comprometido/a con el liderazgo? ¿Qué sensación me produce revivirla ahora?

4. ¿Qué aspectos de mi propio estilo de liderazgo han sido adquiridos en lugar de ser innatos? ¿Podría ampliarlos o mejorarlos?

5. ¿Hasta qué nivel de sacrificio personal estaría dispuesto/a a ejercer el liderazgo en beneficio de mi equipo?

8

La sabiduría inagotable

«Los sabios son los que buscan la sabiduría; los necios piensan ya haberla encontrado.»

Napoleón

La sabiduría no tiene límites porque se basa en nuestra permanente capacidad de aprender y de perfeccionarnos. Y ambas capacidades son, a su vez, inagotables, siempre y cuando tengamos la voluntad para ello. De forma que la sabiduría es ilimitada sólo si deseamos que así sea. Como casi todo en esta vida, dependerá de nosotros mismos.

Por otro lado, no parece demasiado inteligente o sensible decir que «nuestro cupo de sabiduría personal ya está lleno» y que, en consecuencia, no deseamos seguir creciendo en sabiduría ni ser más sabios. ¿Por qué todos aceptamos que es mejor aumentar permanentemente nuestra sabiduría que dejarla en un nivel determinado o disminuirla? Porque, incluso aunque para algunos sea por vías indirectas o poco claras, todos establecemos un paralelismo entre sabiduría y felicidad.

Este binomio seguramente tiene una base sólida en la idea de que conocer, o tal vez mejor, comprender, conduce gradual pero inexorablemente al sosiego y éste, a la estabilidad, en la medida en la que esa comprensión se ensancha y cubre un mayor número de ámbitos de nuestra vida. Y eso, evidentemente, contribuye a la felicidad.

«Felicidad no es hacer lo que uno quiere sino querer lo que uno hace.»

Jean Paul Sartre

La sabiduría es un concepto que abarca todo tipo de expectativas, según la interpretación que le dé cada uno de nosotros. Podemos estar hablando de la acumulación de conocimientos, ya sean prácticos (útiles) o de otro tipo; del discernimiento ético; de crecimiento espiritual; de la mejora como personas (incluyendo/excluyendo la vertiente profesional); etcétera.

Al final, cada uno interpreta la melodía de la sabiduría con sus propios instrumentos y su propio ritmo, pero se trata siempre de una oda a la búsqueda de una mayor felicidad. La sabiduría no es, por lo tanto, un fin en sí mismo, sino un medio extraordinariamente potente, un gran vehículo para la aproximación permanente a la perfección, en cualquiera de las múltiples facetas que nos definen como seres humanos, aceptando, desde luego, que la idea de perfección es ciertamente subjetiva y, por ello, «imperfecta» en sí misma y ha sido la causa de mucha infelicidad para nosotros como especie así como en incontables historias individuales.

Pero en todo caso, asumiendo que cada uno puede buscar y desarrollar un «estado de perfección» personal, basándose en los propios criterios, es correcto asumir que, siendo así, perfección y felicidad pueden estar muy próximas.

Ahora bien ¿qué sentido tiene enfrascarse en una actividad de la cual sabemos a priori que nunca vamos a alcanzar el final? Si la sabiduría es ilimitada y no tiene fin, ¿cómo vamos a saber que estamos avanzando lo suficiente en nuestro empeño de ser más sabios?

De hecho, si nunca vamos a ser «suficientemente sabios», ¿por qué iniciar un camino que tiene bastantes números para acabar siendo una frustración? Salvo las inevitables excepciones en algunos individuos, el anhelo de sabiduría (o de perfección) reside dentro de nosotros; forma parte intrínseca de nuestra naturaleza, nos «viene de fábrica», como el instinto de supervivencia, la capacidad de razonar, o nuestra vertiente espiritual.

El deseo de «perfeccionarnos» forma parte ineludible de nosotros, y no es algo que decidamos poner en marcha o no, se manifieste este impulso en el ámbito de las destrezas técnicas y manuales o en el plano intelectual –bien de las habilidades mentales, de la reflexión analítica o la especulación filosófica– o incluso en el terreno del alma y la conducta.

Naturalmente, cada uno podrá sentir este anhelo mediante manifestaciones escasas y de «bajo voltaje» o, por el contrario, vivir con él permanentemente y experimentarlo con una gran intensidad. Pero está presen-

te en todos y es uno de los factores clave que nos definen como seres humanos.

«La naturaleza puede reclamar... y le diremos: "recibe
un espíritu mejor que el que nos diste".»

SÉNECA

De manera que no escogemos «buscar la sabiduría»
transitando por esta senda en un momento dado, sino
que nos movemos por el camino desde que nacemos, y
no lo podremos dejar nunca, hasta nuestro último día.

En otras palabras, y siguiendo la inspiración del Zen,
podríamos afirmar que no hay un camino que nos con-
duzca a un punto determinado de sabiduría porque ya
estamos en ese punto, cualquiera que sea, por el solo
hecho de vislumbrarlo.

Cuando nos ponemos en marcha cada día, estamos
poniendo en funcionamiento distintos mecanismos que
nos sirven para recolectar la materia prima de la sabiduría, la información, que se transforma cuando, posteriormente, se sintetiza y se elabora en nuestra mente,
obteniendo las conclusiones que, entrelazadas con otras
conclusiones del pasado (y del futuro, más adelante en
nuestra propia vida) y mezcladas con nuestras actitudes
y personalidad de ese momento, acaban destilando el
néctar de la sabiduría, que llena, gota a gota, nuestro
depósito interior.

Resulta interesante comparar nuestra mente con un
estanque o una cisterna.

Cuando tenemos sed, necesidad de saber, nos acer-
camos a él para extraer aquello que la saciará. Pero
para poder extraer esa agua, el estanque ha de estar,
obviamente, lleno, con un buen nivel. Y eso sólo será
posible si se alimenta de muchos afluentes, que aporten
continuamente, cantidad y diversidad de aguas.

Nuestra responsabilidad y nuestro reto están en

abrir de forma permanente nuevas vías de agua para alimentar nuestro estanque; nada peor que ir taponándolas, pues el agua que no corre, pronto se corrompe o se seca.

Nuestro esfuerzo consiste en ir ensanchándolo gradualmente, evitando que en su fondo se acumulen aluviones que puedan reducir la entrada fluida de aguas. Si sabemos localizar las corrientes subterráneas que corren por cientos o miles a nuestro alrededor y orientar parte de su caudal para que entre en nuestro recipiente interior, estaremos enriqueciendo las aguas de las que bebemos y, por ello, saciaremos mejor nuestra sed.

La forma en que acumulamos información –intelectual o emocional– también tiene mucho que ver con nuestro potencial de acumular sabiduría y de generarla, como un fruto propio que puede nutrir a los demás, generando, otra vez, un nuevo fruto que vuelve a alimentar el alma propia.

La sabiduría se propaga en espiral; va y vuelve, pero a cada vuelta, nos deja un poco más adelante. Y ésa es la mejor razón para mantener nuestra percepción siempre en *mode* receptivo.

> *«Las ideas son como pulgas: saltan de unos a otros,*
> *pero no pican a todos.»*
>
> GEORGE BERNARD SHAW

Pero el poso gradual que vayamos formando en nuestro interior no puede medirse de una manera estándar ni es comparable «numéricamente» al poso que otras personas van forjando en su propia alma. Nada más absurdo que establecer un ranking de sabidurías...

En la actualidad, donde todo está sometido a la tiranía de las estadísticas y las clasificaciones, es fácil caer en la ridícula tentación de cuantificar y catalogar la sabiduría, estableciendo tipologías y grupos, ordenados según los más categóricos y racionales criterios.

Vivimos contemplando los más increíbles rankings y análisis estadísticos: desde el número de coitos por año en los distintos países occidentales hasta el PIB alcanzado en cada uno de ellos. Todo está fiscalizado bajo el dominio de los controles y muestreos y, por supuesto, se sobrentiende que el esfuerzo está justificado con tal de no aparecer nunca en los últimos puestos de cualquier categoría; el mundo parece pertenecer solamente a los que pueden subir al podio, sea la que sea la particular batalla en la que se les mida.

Es como una lucha permanente ante todo lo que nos rodea, sean circunstancias o personas. Se trata siempre de alcanzar otro récord. Y otro. Y otro...

> *«Muchas personas se pierden las pequeñas alegrías mientras aguardan la gran felicidad.»*

PEARL S. BUCK

Sin embargo, la felicidad no entiende de rankings, ni el desarrollo del humanismo profundo necesita de posiciones *top ten* para ser positivo y eficaz. En ese sentido, no podemos pensar que hemos de establecer «objetivos» de sabiduría, trasladando a nuestro plano espiritual una forma de interpretar la vida demasiado mecanicista y empírica, moldeada por el afán (y la imperiosa necesidad) de medir todo *output,* establecer ratios de control, etcétera, para asegurar que dichos objetivos se han alcanzado.

Proponerse actuar con sabiduría es una cosa, pero marcarse objetivos y fechas de cumplimiento para ello es otra muy distinta; de hecho, probablemente antagónica.

Pero hay estadísticas que, a pesar de todo, resultan muy reveladoras. Por ejemplo, que el 51 por ciento de la fuerza laboral europea aceptaría reducir parte de su salario, hasta en un 15 por ciento, a cambio de trabajar menos horas. O que desde la década de los cincuenta, la proporción de individuos felices en Estados Unidos se ha mantenido inalterada, a pesar de que los ingresos de todos los estadounidenses se han multiplicado desde entonces.

De hecho, tampoco era imprescindible apelar a estos datos estadísticos para constatar la realidad: plantear si se tiene o no se tiene más felicidad es, sobre todo, un ejercicio intelectual, que nos lleva, mediante una simple observación a nuestro alrededor, a la conclusión de que también la felicidad es relativa: depende del binomio «nosotros y nuestro entorno».

«*Riqueza es cualquier ingreso que sea, por lo menos, cien dólares al año mayor que lo que gana el marido de la hermana de la esposa de uno.*»

H. L. MENCKEN

¿Podemos equivocarnos en nuestra percepción de la felicidad?

Un primer error posible: medir la felicidad por el rasero de los demás.

Observando las cosas con cierta perspectiva, tener mucha más renta disponible que las personas de hace cincuenta años; o trabajar 70.000 horas durante nuestra vida en lugar de las 220.000 que se trabajaba hace dos siglos; o vivir más allá de los 75 cuando no hace tanto apenas se llegaba a los 50, no parecen haber sido las panaceas de felicidad que todos imaginaban.

¿La razón? Seguramente porque se han mantenido estables las diferencias relativas entre unos y otros.

Yo puedo ser más rico, pero también lo son todos los demás. Yo puedo trabajar menos y vivir más, pero también les sucede esto a los demás. Así que, en una inevitable reflexión comparativa, no tengo nada que me coloque por encima de los valores medios de mis coetáneos. Es decir, seguimos estando donde estábamos (en relación a lo que nos rodea) hace cincuenta, doscientos o mil años.

Esta paradoja es terrible y nos genera un grave dilema personal y moral. ¿Cómo es posible que no sepamos ser más felices que nuestros bisabuelos o tatarabuelos, si una larga lista de factores objetivos apuntan a que nuestra calidad de vida ha mejorado escandalosamente desde sus días hasta los nuestros?

«*Sólo puede ser feliz siempre el que sepa ser feliz con todo.*»

CONFUCIO

Un segundo error posible: medir la calidad de vida *exclusivamente* por los factores externos –y medibles– que nos rodean.

En todo este proceso hemos olvidado completamente el factor invisible (no medible), pero fundamental, que es la propia claridad interior; la capacidad de sentirme bien por el mero hecho de ser yo, sin los atributos superficiales externos; es decir, la carga positiva que nos propulsa hacia la sabiduría.

Ésta es la componente clave, la que tiene un peso ponderado abrumador en la constatación, que no medición, de la felicidad. Y, obviamente, la disposición de ser y actuar como un sabio apenas tiene nada que ver con el bienestar físico y material que pueda rodearnos.

No es que ambos estén reñidos; sostener eso sería absurdo. Pero lo cierto es que lo uno no está inexorablemente vinculado a lo otro. Pueden coexistir, pero ninguna de las dos «variables» es resultante de la otra, tanto en una dirección como en la contraria.

> *«Prescindir de la felicidad es el comienzo de la sabiduría y el medio más seguro de acercarse a la felicidad.»*
>
> UNAMUNO

Un tercer error posible: cuantificar sentimientos, definir sensaciones.

Probablemente no sea tan importante definir la felicidad como simplemente experimentarla. Intentar esbozar una definición de algo ambiguo, cambiante, subjetivo, íntimo, inmaterial y personal parece tarea, más que banal, absurda y, básicamente, innecesaria. ¿Para qué saber qué es, si de lo que se trata es de saber cómo sentirla?

Observar en nuestro interior, en el alma, a través de la sabiduría que hemos alcanzado, es el mejor método, la vía más eficaz, ya que lo que nos permite entrever es que la felicidad que andamos buscando sólo se materializa a través de otros elementos, nunca se da «en estado puro».

Es decir, vivimos la felicidad a través de lo que nos rodea, en las pequeñas y grandes cosas, de forma consciente o inconsciente, mediante la relación que establecemos con otras personas, seres vivos u objetos inanimados; mediante placeres físicos, intelectuales o emotivos. Todas estas cosas actúan como un espejo en el que se refleja la felicidad, porque sin ellos, ésta no puede materializarse.

Y a lo largo de este proceso, lo que puede proporcionarnos la sabiduría es un mayor número de opciones para actuar como espejos; ser más sabios implica ser más felices.

> *«Vivimos oprimidos y atenazados por ideas, recuerdos,*
> *enseñanzas, frases de personajes ilustres y célebres;*
> *refranes, consejos y juicios de "otros".»*

DARÍO LOSTADO

En cualquier caso, sobre la sabiduría también hemos de reflexionar en el sentido de entender que *la verdadera sabiduría sólo lo es si es nuestra,* si la hemos somatizado, hecho parte de nosotros mismos, lejos de ser un simple conjunto de conocimientos o ideas de «otros» que acumulamos pero no asimilamos.

Sobre todo porque nuestra sabiduría es una combinación personal (aunque no intransferible); una mezcla irrepetible de lo que nos viene dado genéticamente y lo que nos viene entregado por vivencias y aprendizaje. La lectura, la observación, la escucha de lo que han sabido extraer otros de la vida nos ayudará, facilitándonos el acercamiento a ser sabios, pero sólo lo seremos *de facto* cuando todo ello fructifique en nuestra propia interpretación de la vida y la verdad; cuando seamos capaces de sintetizarlo todo y de extraer nuestro propio néctar, nuestra propia cosecha, nuestra particular poción mágica.

Las pautas aprendidas solamente son útiles en la medida en que nos permiten establecer nuestra propia *metodología* para aprender y enseñar. Es decir, ser sabios, sin pedanterías ni tampoco falsas modestias. No hay valor añadido en un gran conjunto de conocimientos si éste se queda a mitad de camino, en simple estado de erudición. Puede causar admiración por *cuánto hay* pero no por *lo que hay*.

Sólo cuando se da un paso más y se transforma en propia sapiencia, se le ha adjuntado algo nuevo, nuestra propia e inédita aportación; aquello que refleja con precisión quiénes somos como individuos distintos. Una síntesis nueva, inexistente hasta que nosotros le hemos dado cuerpo y ser; una pieza única y, por lo tanto, extraordinariamente valiosa.

Pero con una peculiaridad: ese valor sólo pueden otorgárselo los demás, disfrutando de él al conocerlo y compartirlo con uno mismo, originando otro proceso similar pero diferente en el interior de otra persona. Más sabiduría, que se forma a partir de la nuestra y contribuye, a su vez, a ampliarla y transformarla.

Es, ante nuestros ojos, otro ciclo de la espiral...

Pocas cosas hay como la sabiduría, porque cuanta más se da, más se tiene. No podemos permitirnos el lujo de perderle la pista.

«El peor de los pecados es no haber sido feliz.»

BORGES

«Las cosas tienen sus estaciones y hasta algunas formas de eminencia se ponen de moda y luego dejan de estarlo. Pero la sabiduría tiene una ventaja: es eterna.»

BALTASAR GRACIÁN

Preguntas a solas

1. ¿Cuántas «pequeñas alegrías» recuerdo haber tenido durante los últimos tres días? ¿Estoy seguro/a de que no olvido alguna más o de que puedo estar infravalorando alguna al no incluirla en la lista?

2. Al pensar en tres personas de mi entorno profesional que conozca lo suficiente, ¿puedo proporcionar a cada una de ellas alguna cosa o propiciar algún hecho no profesionales que puedan hacerles felices, aunque sea una felicidad «menor» o momentánea? ¿Quiero hacerlo?

3. ¿Realmente hay que asumir que «nunca llueve a gusto de todos»? ¿Cómo puedo demostrarme lo contrario?

4. ¿Con cuál de estas afirmaciones me identifico más? ¿Podría llegar a convencerme de lo contrario si busco los argumentos adecuados?:

> *La verdad está ahí fuera*
> *La verdad está en tu interior*

5. ¿Cómo definiría una vida mediocre? ¿Qué aspectos de ella temo más poder encontrar en mi propia vida?

De los autores

Ventura Ruperti Salvany   **vruperti@mercurymergers.com**

Nacido en Barcelona, 1958. Casado; tiene un hijo.

Licenciado y MBA por la *Escuela Superior de Administración y Dirección de Empresas (ESADE)* de Barcelona. Habla fluidamente inglés y francés. Ha vivido y trabajado en España, Alemania, México y Canadá.

Su trayectoria profesional abarca sectores tan diversos como Alimentación, Electrodomésticos, Electrónica de Consumo, Edición-Publicaciones y Consultoría, habiendo desarrollado su actividad profesional en empresas multinacionales y corporaciones nacionales, tales como *Agrolimen, Braun, Sanyo, Grundig* y *Grupo Planeta.*

Ha ocupado los cargos de Dirección de Marketing, Dirección de Exportación, Dirección Comercial y, finalmente, Dirección General, desarrollando también estrategias de crecimiento, consolidación o diversificación, via *joint-ventures,* acuerdos operativos transnacionales o adquisiciones.

Ha participado activamente en proyectos paneuropeos de carácter estratégico, mediante acciones de supervisión/implementación empresarial.

Actualmente es socio consejero de *Mercury Mergers,* firma asesora especializada en procesos de fusión y adquisición de empresas así como en management estratégico.

Paralelamente, desarrolla actividades como *coach* ejecutivo y como consultor en Recursos Humanos y formación para directivos.

Es profesor en Les Heures, Fundació Bosch i Gimpera - Universitat de Barcelona.

Jordi Nadal Hernández   jordi-nadal@telefónica.net

Nacido en Barcelona, 1962, dos hijos.

Licenciado en Filología Anglo-Germánica (*UB*, Barcelona). Curso de Dirección General en la *EAE*, Barcelona. Habla fluidamente inglés, francés y alemán. Ha vivido y trabajado en España, Alemania y Estados Unidos.

Ha participado en el sector editorial en empresas multinacionales e independientes, que incluyen lugares y cargos como *Salvat*, product manager; *Edhasa*, gerente; *Círculo de Lectores*, director editorial y de Publicaciones; *Random House* (Nueva York) consultor de Presidencia.

Ha sido director de Desarrollo Corporativo del *Grupo Editorial Plaza y Janés* para España y América Latina y director general del mismo grupo para el área de América Latina.

Actualmente es codirector y profesor de diversos cursos de posgrado editorial y director académico del *Centro de Estudios Avanzados de Edición Oxford Brookes University/Publish*. Es responsable de la comisión de formación de la *Unión Internacional de Editores*. Preside el ABPTOE *(Association of Bookseller and Publisher Training Organisations in Europe)*. También es profesor colaborador de la *Escuela de Administración de Empresas (EAE)* y miembro del Consejo del Curso de Edición de la Universidad de Stanford.

Es fundador-director de *Plataforma Abierta,* empresa dedicada a consultoría y formación.

Colabora con la revista digital *Libros o Velocidad* con artículos sobre el sector editorial, y es autor de diversas entrevistas a destacados autores, entre ellos dos premios Nobel.

Meditando el Management también se encuentra al alcance del lector interesado en su página web: www.meditandoelmanagement.com